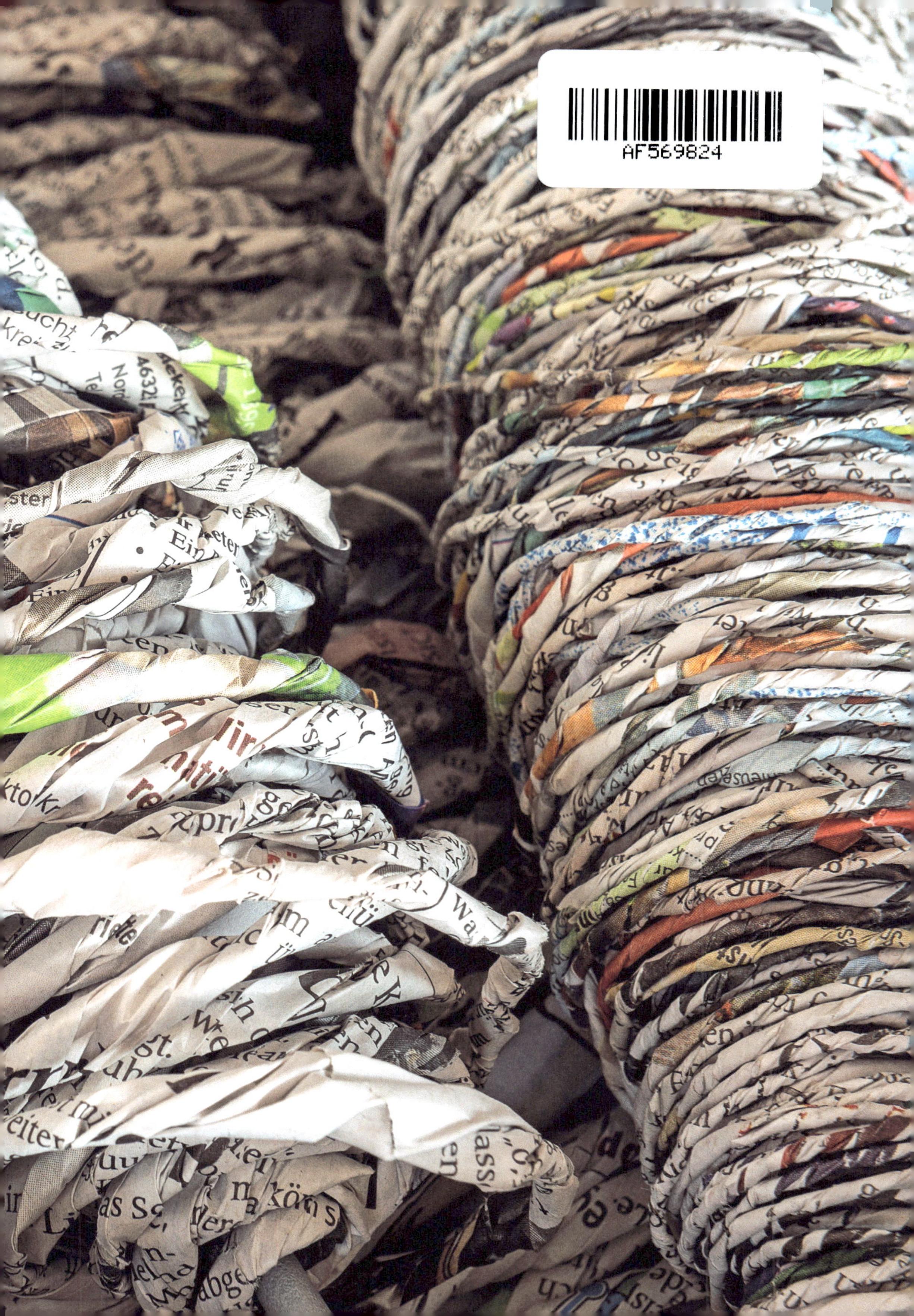

MARITA DREES

PAPIER GARN

AUS ALTEN ZEITUNGEN

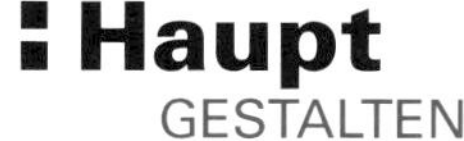

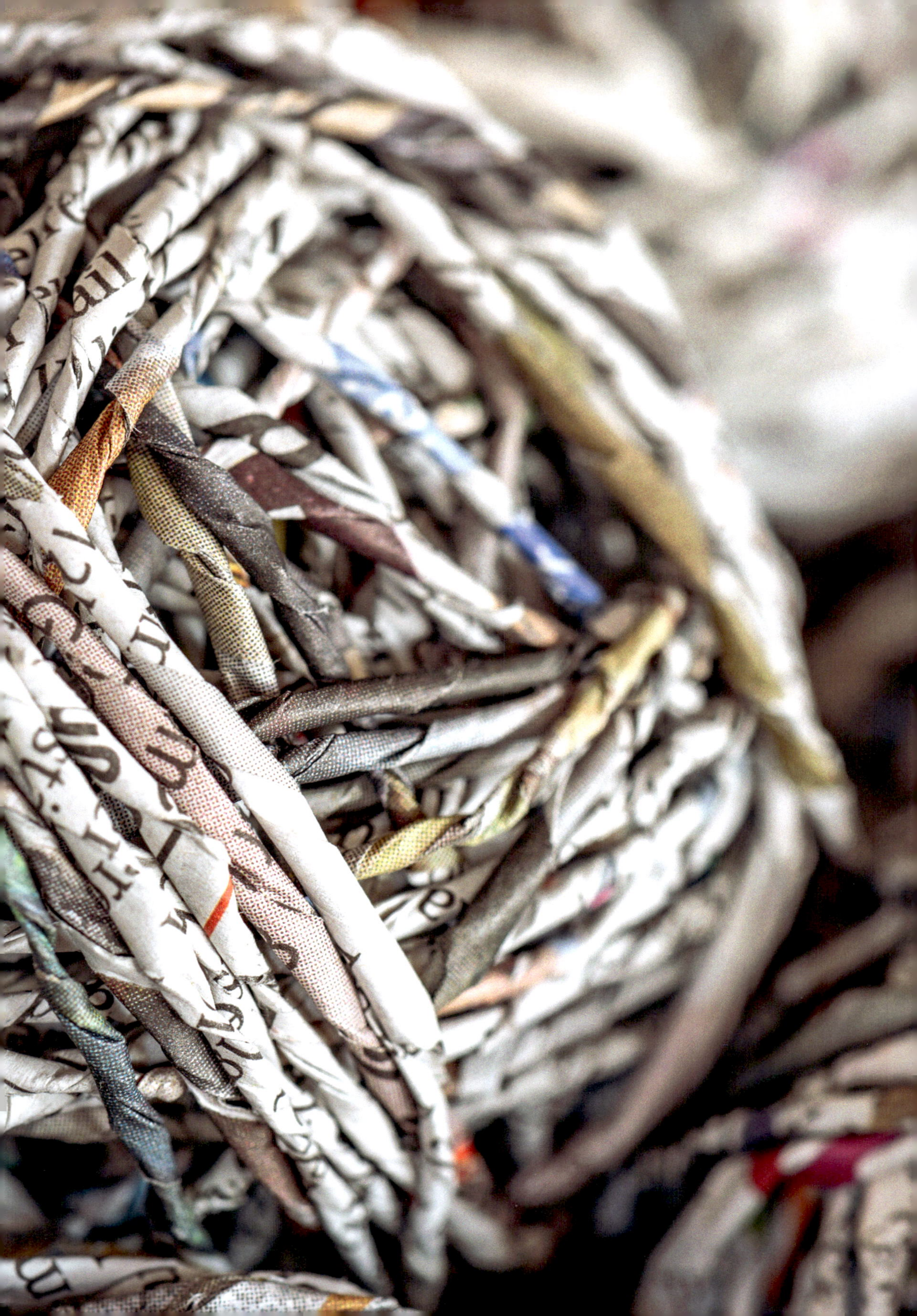

MARITA DREES
FOTOGRAFIEN VON FABRIZIO ZAGO

PAPIER GARN

AUS ALTEN ZEITUNGEN

30 NACHHALTIGE PROJEKTE AUS DER «ZEITUNGSSPINNEREI»

HAUPT VERLAG

AUTORIN

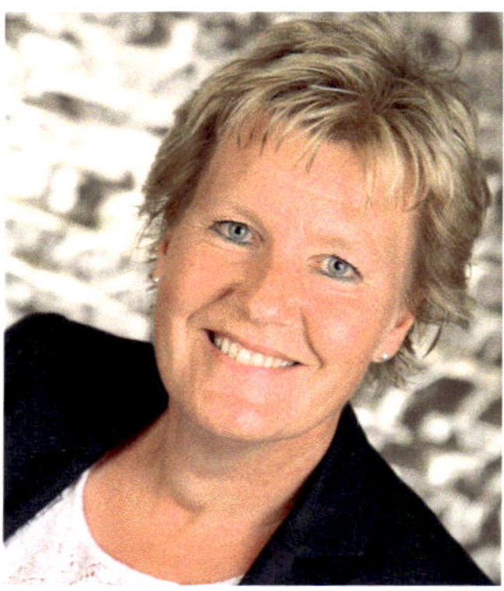

Marita Drees (geb. 1965) ist ausgebildete Erzieherin und hat 2017 Deutschlands erste und bisher einzige Zeitungsspinnerei gegründet. Sie liebt es, Menschen mit ihrer Leidenschaft für das ungewöhnliche Handarbeitsmaterial «Zeitungsgarn» anzustecken und sogenanntem Altpapier neues Leben einzuhauchen. Ihr offenes Atelier im schönen Münsterland, wenige Kilometer von der holländischen Grenze entfernt, hat sich inzwischen zu einem beliebten Ort der Begegnung und des kreativen Miteinanders entwickelt.

www.zeitungsspinnerei.de

1. Auflage 2022

ISBN 978-3-258-60244-8

Projekte und Text: Marita Drees
Layout, Satz und Umschlaggestaltung:
Diana Dörfl, dörfl-multivitamine, D-Konstanz
Lektorat: Jutta Orth, D-Freiburg
Fotografie: Fabrizio Zago, D-Borken
Folgende Fotos stammen von Marita Drees:
Seite 14, 15, 16, 17, 18, 23, 26, 30, 48, 94 unten, 120

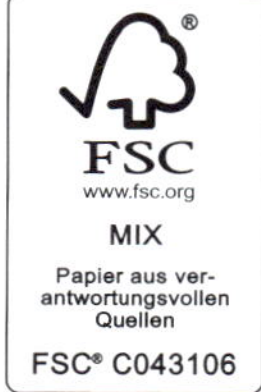

Wir verwenden FSC-Papier. FSC sichert die Nutzung der Wälder gemäß sozialen, ökonomischen und ökologischen Kriterien. Gedruckt in Deutschland

Diese Publikation ist in der Deutschen Nationalbibliografie verzeichnet. Mehr Informationen dazu finden Sie unter http://dnb.dnb.de

Der Haupt Verlag wird vom Bundesamt für Kultur mit einem Strukturbeitrag für die Jahre 2021–2024 unterstützt.

Wir verlegen unsere Bücher mit Freude und großem Engagement. Daher freuen wir uns immer über Anregungen zum Programm und schätzen Hinweise auf Fehler im Buch, sollten uns welche unterlaufen sein. Falls Sie regelmäßig Informationen über die aktuellen Titel im Bereich Gestalten erhalten möchten, folgen Sie uns über Social Media oder bleiben Sie via Newsletter auf dem neuesten Stand!

www.haupt.ch

INHALT

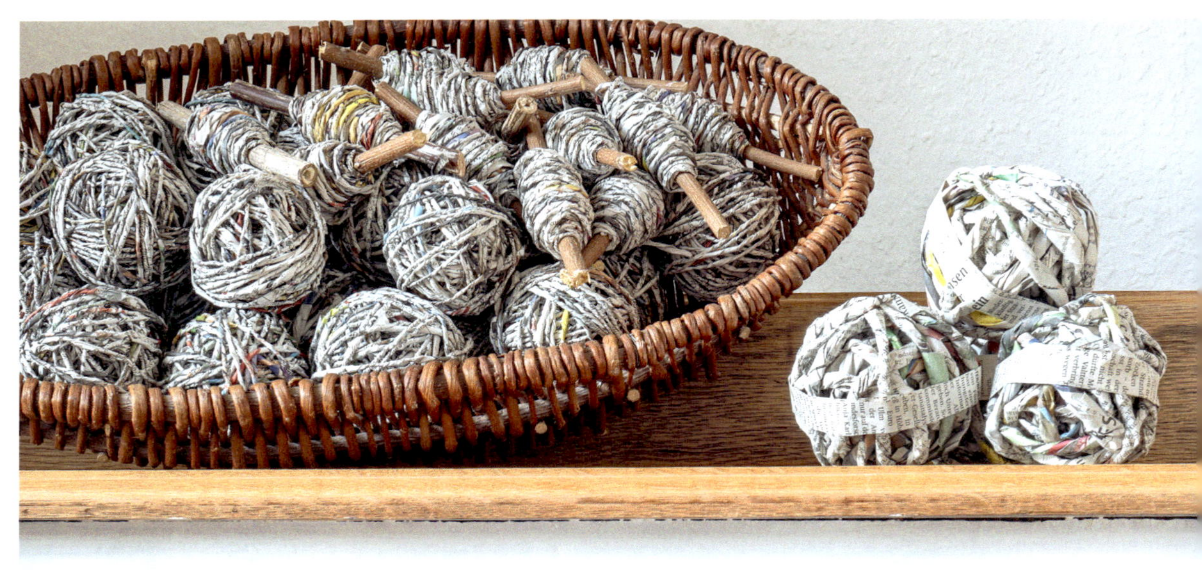

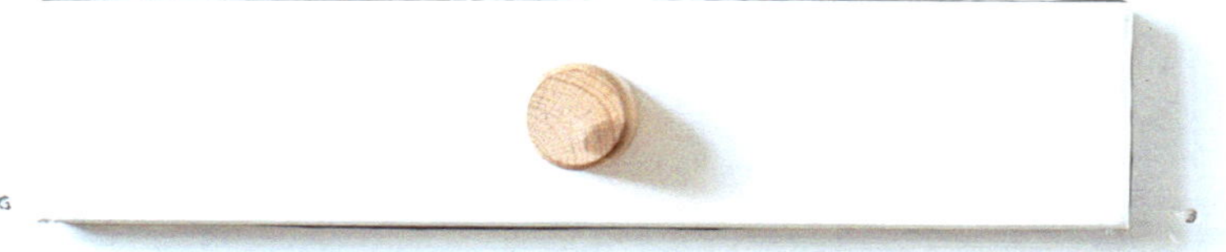

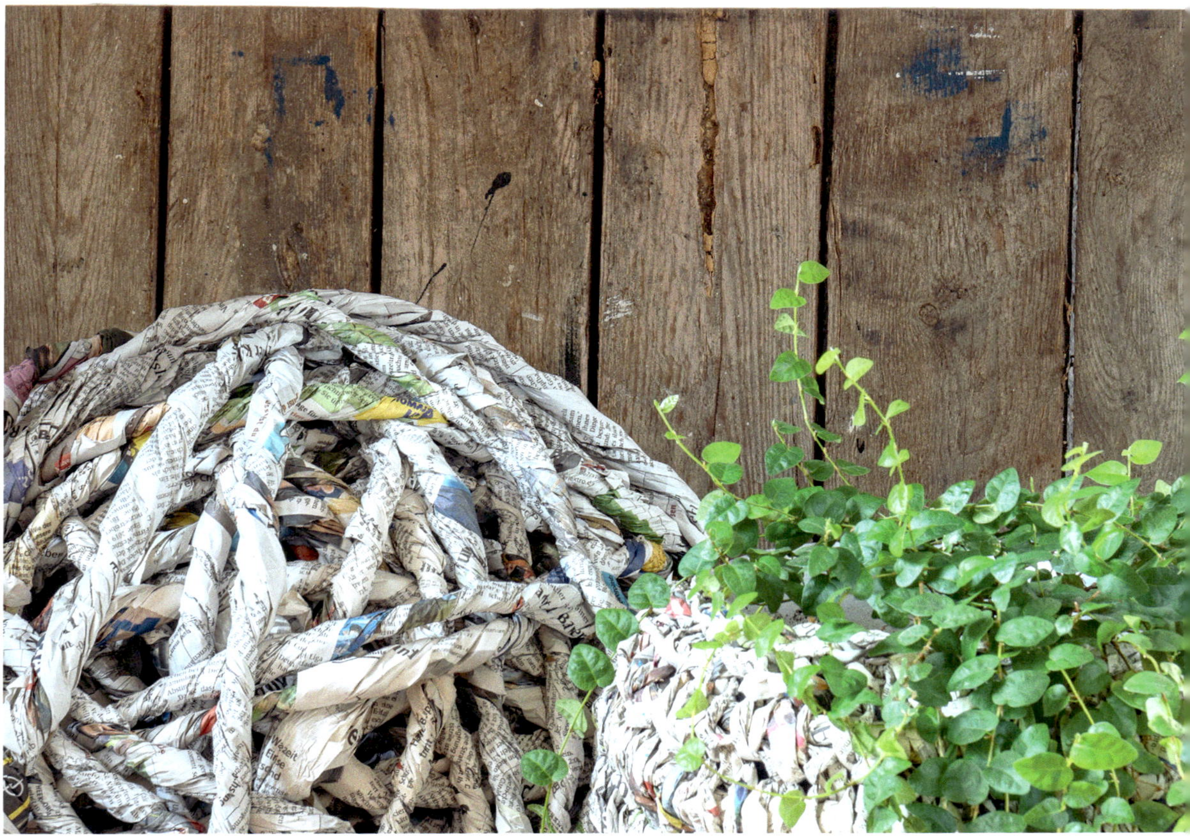

VORWORT

«MENSCHEN MIT EINER NEUEN IDEE GELTEN SO LANGE ALS SPINNER, BIS SICH DIE SACHE DURCHGESETZT HAT.»

MARK TWAIN

Ist auch vor Ihnen kein Wollgeschäft sicher, weil Sie immer ein oder gar mehrere Strick- oder Häkelprojekte auf der Nadel haben müssen? So ging es mir bis vor einigen Jahren. Aber dann stieß ich zufällig auf die Idee, dekoratives Papiergarn aus alten Zeitungen zu spinnen – eine witzige Alternative zu Wolle. Seitdem verwende ich zum Handarbeiten ausschließlich selbst gesponnenes Zeitungsgarn, das viel robuster und vielseitiger ist, als man auf den ersten Blick vermuten könnte. Ich freue mich sehr, dass dieses Buch mir die Gelegenheit gibt, meine Begeisterung für dieses Material mit Ihnen zu teilen.

Zunächst zeige ich Ihnen mehrere Möglichkeiten zur Herstellung von Zeitungsgarn in verschiedenen Stärken. Dafür fallen praktisch keine Materialkosten an. Im zweiten Teil dieses Buches finden Sie zahlreiche Vorschläge und Anleitungen für erste eigene Projekte. Wenn Sie sich erst einmal mit den Besonderheiten des Materials vertraut gemacht haben, sind Ihrer Kreativität kaum Grenzen gesetzt. Ich verspreche Ihnen, dass es ein sehr befriedigendes Gefühl sein wird, aus vermeintlichem Abfall etwas ganz Neues zu zaubern. Zudem wirkt die Zeitungsspinnerei ausgesprochen entschleunigend. Doch seien Sie gewarnt: Dieses Hobby kann süchtig machen!

Sollten Sie Fragen haben, können Sie gerne Kontakt zu mir aufnehmen. Ich bin immer bereit, meine Erfahrungen zu teilen, und freue mich, wenn ich Sie unterstützen kann. Und nun wünsche ich Ihnen viel Spaß und Erfolg beim Spinnen.

Ihre Zeitungsspinnerin

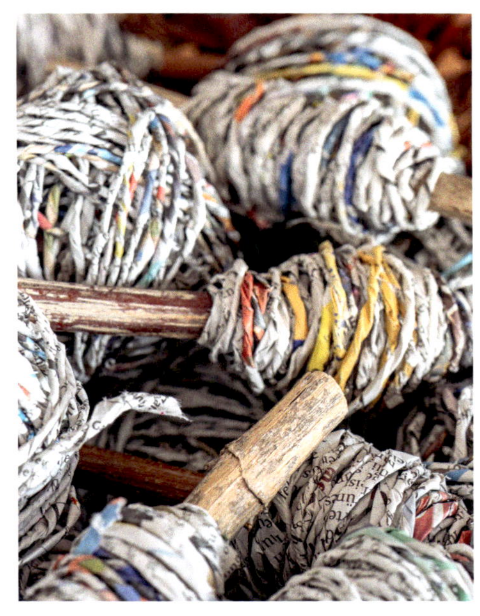

Nichts ist so alt wie die Zeitung von gestern. Der Volksmund hat recht, was aber nicht heißt, dass alte Zeitungen in den Müll wandern müssen.

Marita Drees

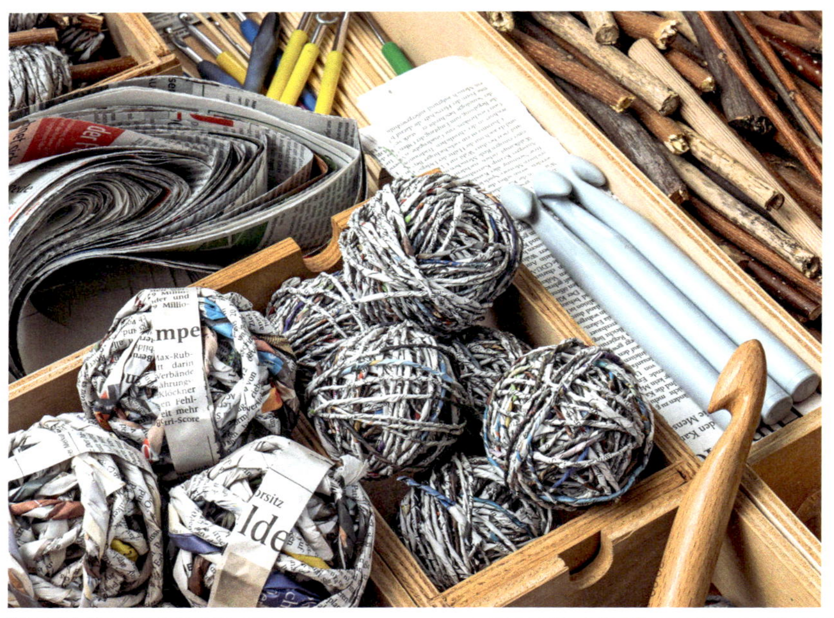

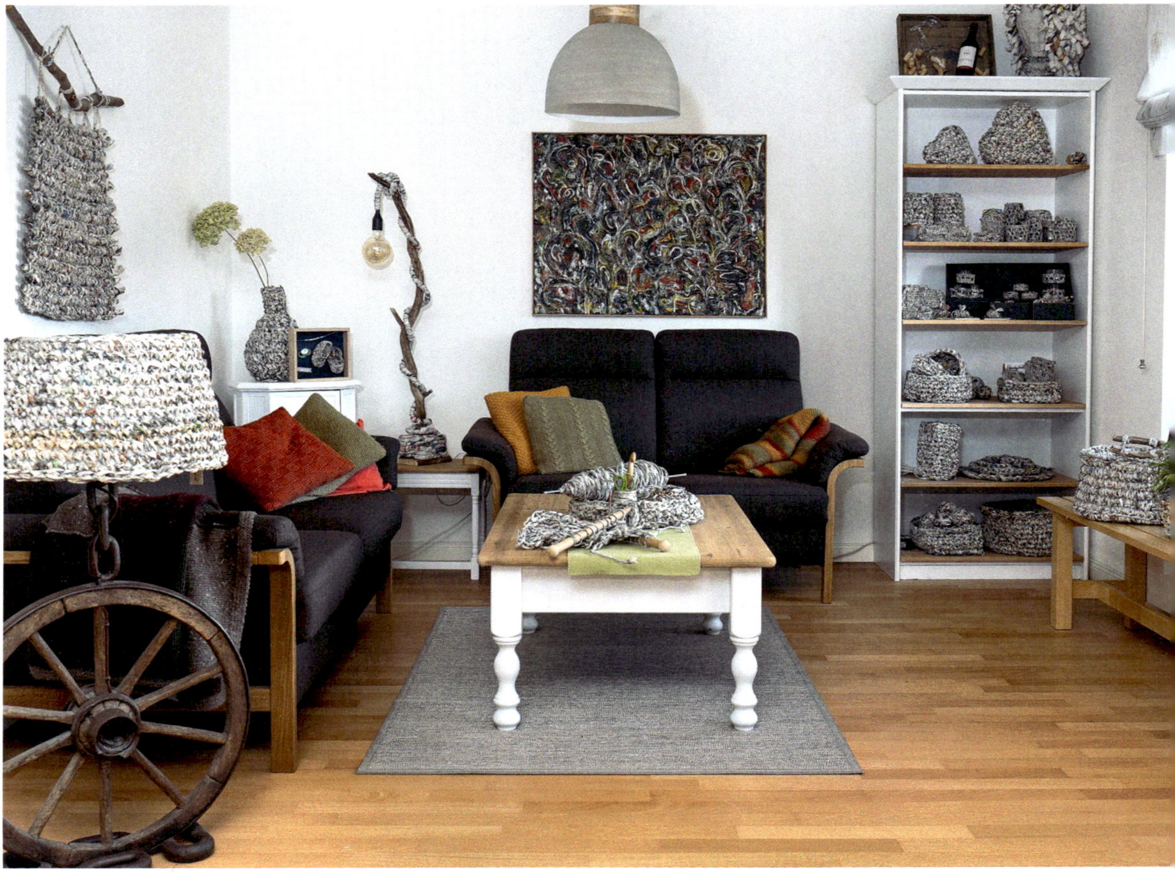

EINLEITUNG UND EINBLICKE

HERZLICH WILLKOMMEN IN MEINER KLEINEN ZEITUNGSSPINNEREI, LIEBE LESERINNEN UND LESER!

Wenn man mir vor einigen Jahren prophezeit hätte, dass sich aus meiner wortwörtlich zu verstehenden «Spinnerei» einmal ein Vollzeitjob entwickeln würde, hätte ich das sicher nicht geglaubt. Auch die Reaktionen meines direkten Umfelds reichten von leichter Belustigung bis zu offener Skepsis, was ich im Rückblick gut verstehen kann. Doch vermutlich wurde dadurch mein Widerspruchsgeist erst richtig geweckt, und das zunehmende Medieninteresse zeigte, dass ich offenbar einen Nerv getroffen hatte.

Alles begann mit unserer kleinen Firma, die den bezeichnenden Namen «Gartentanten» trägt. Mit viel Liebe zum Detail gestalteten und pflegten eine liebe Freundin und ich – beide mit ausgeprägtem «Gartenfimmel» – private Gartenanlagen. Wir konnten uns zeitweise vor Anfragen kaum retten. Die langen Winterpausen verbrachte ich unter anderem damit, die Wollläden der Umgebung leer zu kaufen, um meine Lieben mit gestrickten Socken, Decken und Kissen zu versorgen. Und dann kam völlig unerwartet das Zeitungsgarn ins Spiel, denn im Internet stolperte ich zufällig über den mysteriösen Begriff «newspaperyarn» (Zeitungsgarn). Bei meinen Recherchen entdeckte ich Künstler aus aller Welt, die daraus wunderbare Kunstwerke zaubern. Auch stieß ich auf Manufakturen im asiatischen Raum, die Zeitungsgarn produzieren und zum Verkauf anbieten. Das außergewöhnliche Farbspektrum des Materials und seine Ausstrahlung von Wärme und Gemütlichkeit zogen mich vom ersten Moment an in ihren Bann und ließen mich nicht mehr los. Vielleicht könnte man das Garn ja zu nützlichen Alltagsgegenständen verarbeiten? Ich begann zu experimentieren und zu tüfteln, bis ich eine eigene Spinnmethode entwickelt hatte und meine ersten Projekte angehen konnte, muss aber zugeben, dass mir während dieser Phase so manche Selbstzweifel kamen.

Als beide Töchter nach dem Abi das heimische Nest verlassen hatten, verwandelte ich unser Häuschen nach und nach in Deutschlands erste und bisher einzige Zeitungsspinnerei. Hier stelle ich schöne und praktische Dekorationsgegenstände, Taschen und Wohnaccessoires her und hauche ausrangierten Einrichtungsgegenständen neues Leben ein. Gerade bei eintönigen Tätigkeiten kommen mir oft neue Ideen, sodass meist mehrere Projekte in verschiedenen Entwicklungsstadien auf ihre Fertigstellung warten. Etwas weniger Chaos in Kopf und Haus wäre mir manchmal zwar lieber, aber das geht wohl vielen kreativen Menschen so. In den ersten Monaten des Jahres 2019 gaben sich Presseleute, Blogger und sogar drei TV-Sender hier buchstäblich die Klinke in die Hand. Ich muss gestehen, dass der Medienrummel durchaus eine nervliche Herausforderung war, aber die interessanten Begegnungen und den Blick hinter die Kulissen der Medienwelt möchte ich im Nachhinein keinesfalls missen.

Inzwischen gebe ich meine Erfahrungen unter anderem in Workshops weiter und sehe meine Berufung nicht mehr nur darin, selbst Projekte zu verwirklichen. Menschen mit meiner Begeisterung für den Werkstoff Zeitungsgarn anzustecken und mit meinen Upcycling-Ideen das Bewusstsein für eine sinnvolle Weiterverwertung und den nachhaltigen Umgang mit unseren Ressourcen zu schärfen, ist jetzt meine Mission. Aber auch der Spaßfaktor kommt nicht zu kurz, denn das gemeinsame Kreativwerden verbindet die Menschen. In meinen Workshops herrscht oft eine fast ausgelassene Stimmung. Manchmal funktioniert das sogar virtuell. Beispielsweise startete eine kreative Familie wegen der Corona-bedingten Kontaktbeschränkungen ein tolles generationenverbindendes Projekt. Die Oma spann mit meiner telefonischen Unterstützung das Zeitungsgarn, der Opa sägte Bretter zurecht und kramte Nägel zusammen, und anschließend wurde das Material den Enkelkindern zur Herstellung eines Fadenbildes zugeschickt. Ich könnte Bände füllen mit Geschichten über die lustigen und inspirierenden Begegnungen mit wunderbaren Menschen von 3 bis 93, die ich in meinem Atelier und außer Haus kennenlernen durfte. Wenn sich Menschen aller Generationen von meiner Arbeit anlocken und inspirieren lassen und ich manche Workshopteilnehmer sogar dauerhaft mit dem «Zeitungsgarnvirus» anstecken kann, bin ich froh und dankbar. Immer mal wieder trudeln Fotos von zu Hause entstandenen Werken bei mir ein. Mission erfüllt, würde ich sagen.

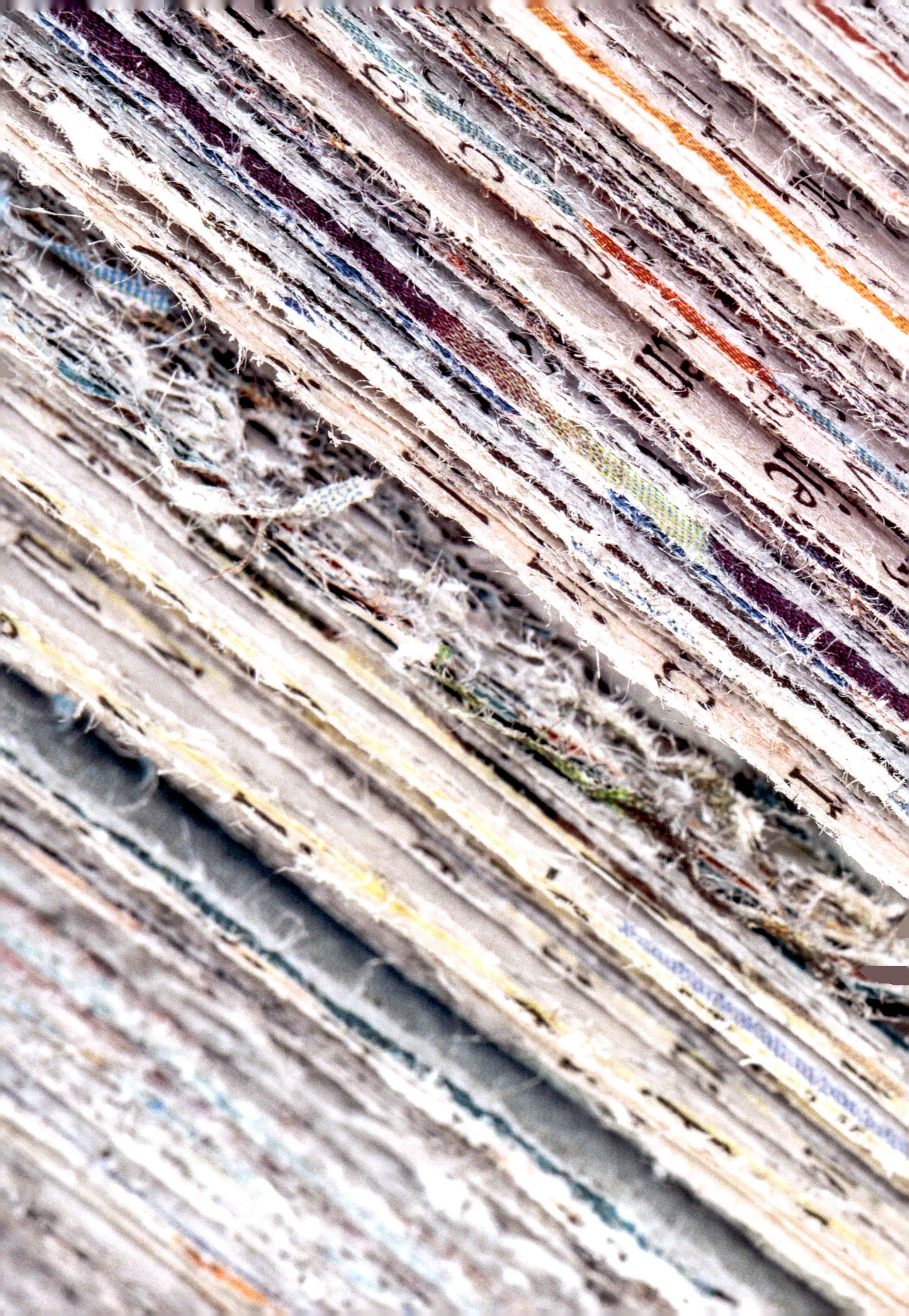

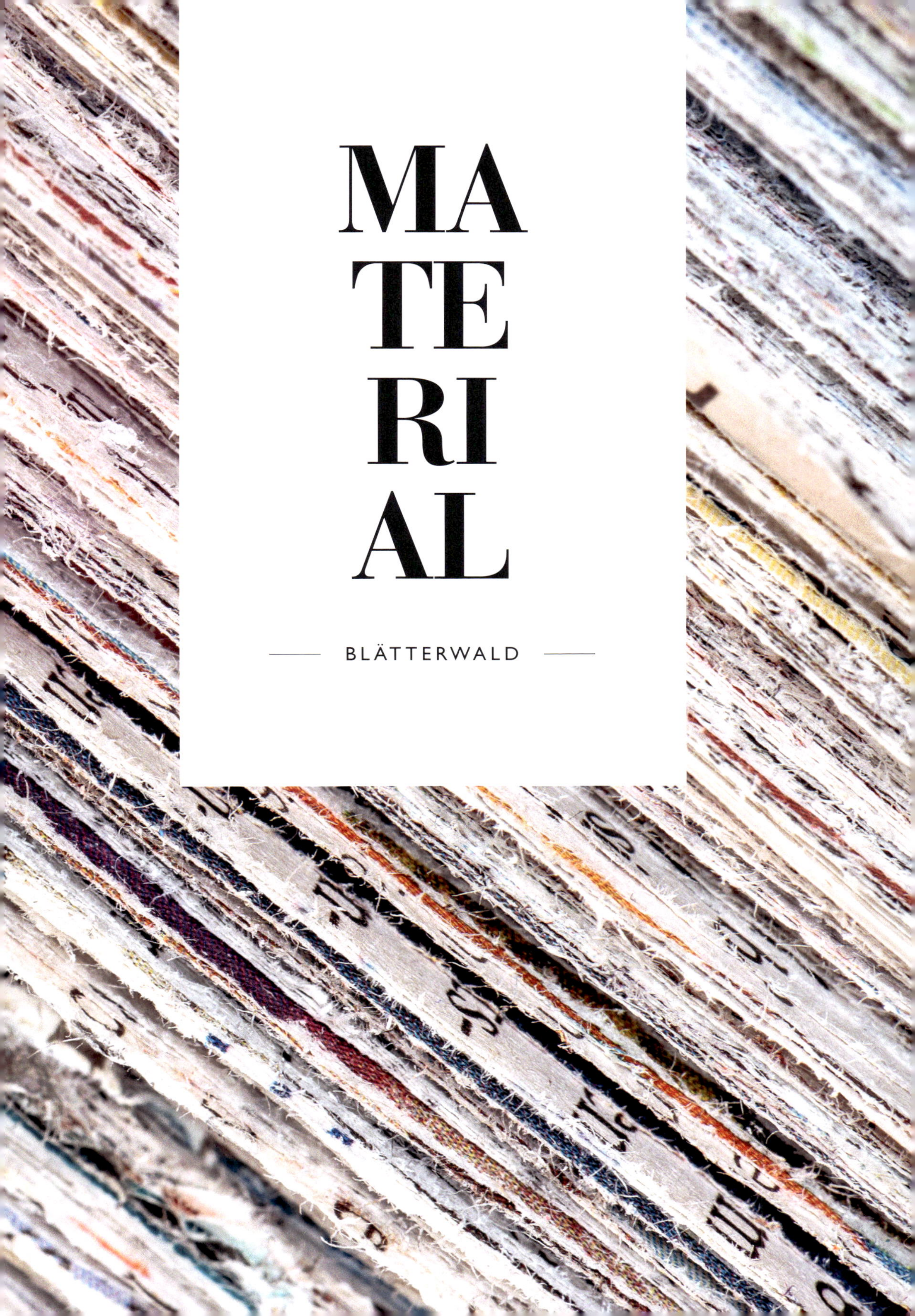
MA
TE
RI
AL
BLÄTTERWALD

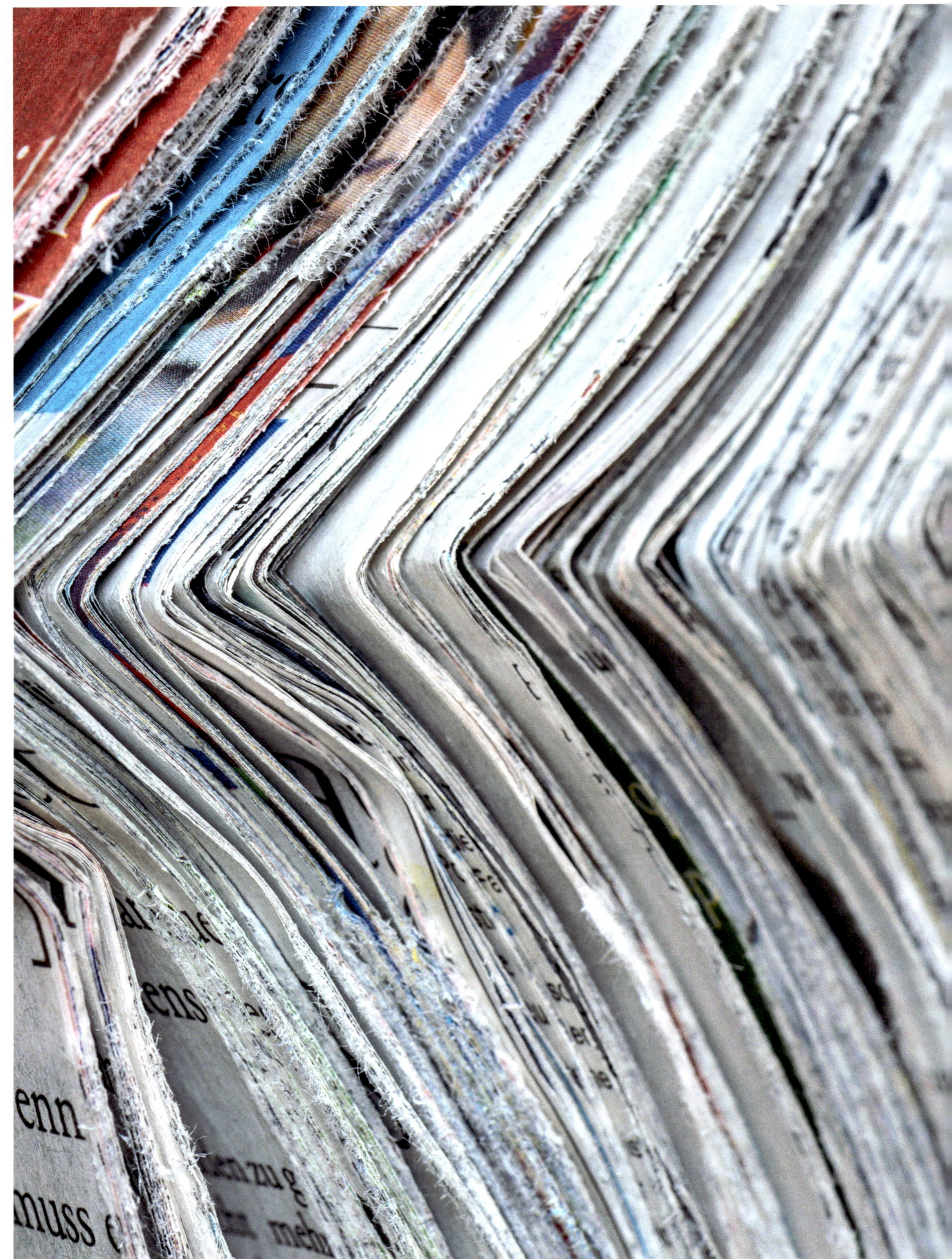

ZEITUNGSPAPIER – AB IN DIE TONNE?

GEHÖRT DER BLICK IN DIE ZEITUNG FÜR SIE NOCH GENAUSO ZU DEN FESTEN MORGENRITUALEN WIE DIE ERSTE TASSE KAFFEE?

Obwohl immer mehr Menschen auf digitale Angebote umsteigen, gibt es meiner Erfahrung nach noch viele eingefleischte Zeitungsleser, die sich ein Leben ohne eine «echte» Tages- oder Wochenzeitung nicht vorstellen können. Darum wird sie uns vermutlich, zumindest als Nischenprodukt, noch eine Weile erhalten bleiben. Meist werden die ausgelesenen Zeitungen auf direktem Weg entsorgt; dabei sind sie eigentlich viel zu schade für die Tonne. Es gibt wohl kaum ein Material, das so vielseitig einsetzbar ist wie altes Zeitungspapier. Seine herausragenden Eigenschaften: Es speichert Feuchtigkeit, wirkt wärmeisolierend und ist überaus stabil, besonders, wenn es mehrlagig verwendet wird. In Längsrichtung geschnitten, also parallel zum Faserverlauf, ist es sogar erstaunlich reißfest. Zeitungspapier hat eine offenporige, recht weiche Struktur, damit es Druckfarben gut aufnimmt. Ich liebe die angenehme Haptik und den ganz eigenen Geruch frisch gedruckter Zeitungen. Sie sind absolut nicht grau in grau, sondern bieten durch die Mischung von Bildern und Buchstaben unterschiedlicher Größen eine wunderbare Farbenvielfalt. All diese positiven Eigenschaften können wir uns zunutze machen, wenn wir Zeitungspapier als Werkstoff für unsere kreative Arbeit verwenden. Übrigens werden Zeitungen in unterschiedlichen Papierqualitäten hergestellt und mit unterschiedlichen Arten von Druckfarbe bedruckt. Daher habe ich, je nach gewünschtem Ergebnis, inzwischen eine Reihe von Lieblingszeitungen und finde selbst für kleinste Fitzelchen noch eine Verwendung. Dass das schräg klingt, ist mir durchaus bewusst.

Wenn mir ältere Menschen erzählen, was sie in eisigen Kriegs- und Nachkriegswintern alles mit Zeitungspapier gemacht haben, bekomme ich regelmäßig eine Gänsehaut. So waren alte Zeitungen im Luftschutzkeller und auf der Flucht oft die einzige Unterlage zum Sitzen oder Schlafen. Gefaltetes Papier wurde zum Abdichten von Fenstern und Türen in sämtliche Lücken und Spalten und zur Wärmeisolierung in Mäntel, Holz- und Lederschuhe gestopft. Mit Papier wurden die Fenster verdunkelt, die Wände tapeziert, Öfen angefeuert und Zigaretten gedreht. Man riss oder schnitt es in handliche Stücke, spießte es auf Nägel oder Draht und hängte es im guten, alten Plumpsklo als Toilettenpapier an die Wand. Und nicht zuletzt wurde es in Ermangelung anderer Materialien sogar zu Bindfäden erdreht. Wie Sie sehen, ist Zeitungsgarn gar keine so neue Idee.

RECYCLING UND UPCYCLING

ZEITUNGSPAPIER IN GARN ZU VERWANDELN UND DARAUS NUTZBARE DINGE HERZUSTELLEN, IST DAS BESTE BEISPIEL FÜR GELUNGENES UPCYCLING

Zeitungspapier in Garn zu verwandeln und daraus nützliche Dinge herzustellen ist mustergültiges Upcycling. Es hat mich schon immer fasziniert, alten Dingen neues Leben einzuhauchen, zum Beispiel Sperrmüllfunde für meine erste eigene Wohnung aufzuarbeiten. Damals gab es für diese Art der kreativen Betätigung noch keinen eigenen Namen. Aber was unterscheidet Upcycling eigentlich von Recycling? Beim Recycling werden Materialien wie Papier, Glas, Kunststoffe und Metalle zerkleinert oder eingeschmolzen und dann mithilfe industrieller Prozesse zu neuen Produkten verarbeitet. Das verringert den Rohstoffverbrauch, den Energiebedarf und die Müllmenge. Auch Zeitungen bestehen fast zu 100 Prozent aus Altpapier; ein und dieselbe Papierfaser wird also mehrfach verwendet. Upcycling trägt ebenfalls dazu bei, Müll zu vermeiden und den Bedarf an Rohstoffen zu reduzieren, im Unterschied zum Recycling wird das Originalmaterial aber stofflich aufgewertet. Viele scheinbar nutzlose und ausrangierte Produkte wie alte Kleider, Segel, Lastwagenplanen, Sitzgurte und Ledermöbel werden auf kreative Weise in eine neue Form gebracht. Das Ursprungsmaterial ist anschließend noch erkennbar. Wer Upcycling-Produkte kauft oder selbst herstellt, schärft damit das Bewusstsein für die sinnvolle Weiterverwertung und den nachhaltigen Umgang mit unseren Ressourcen.

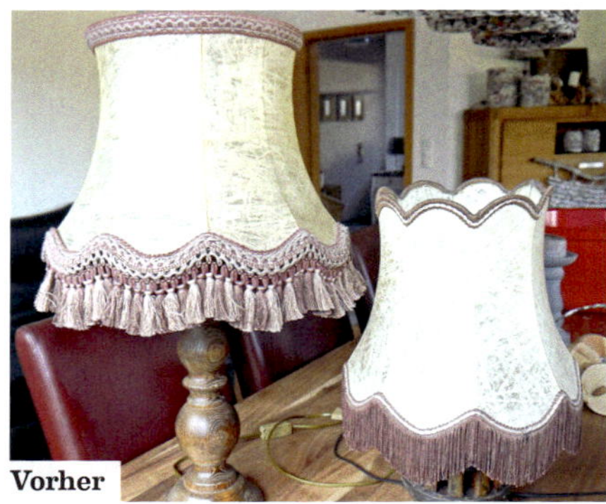

Vorher

Nachher

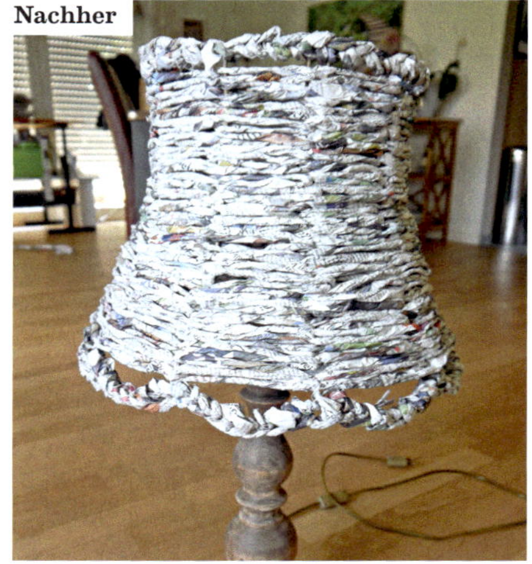

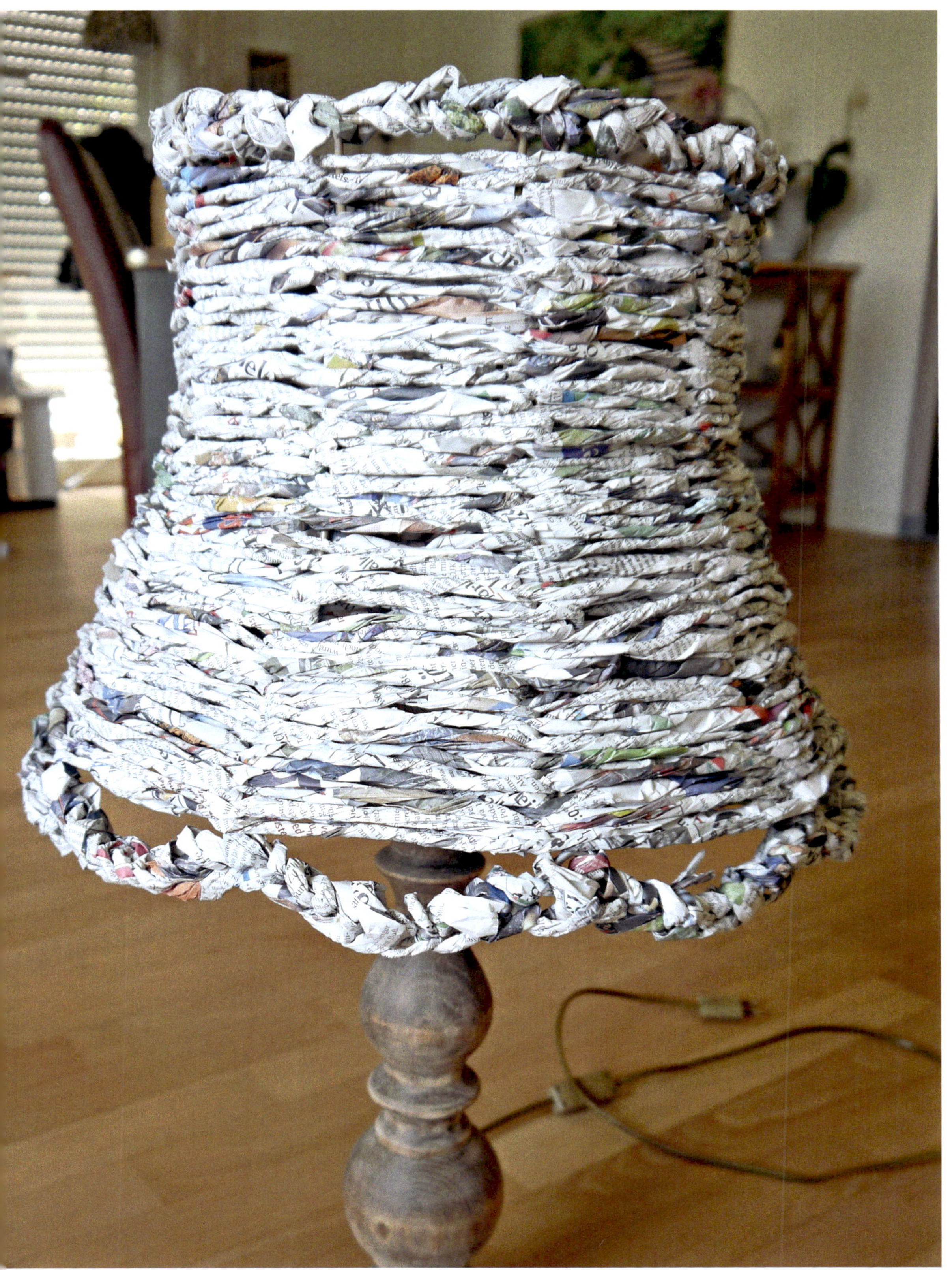

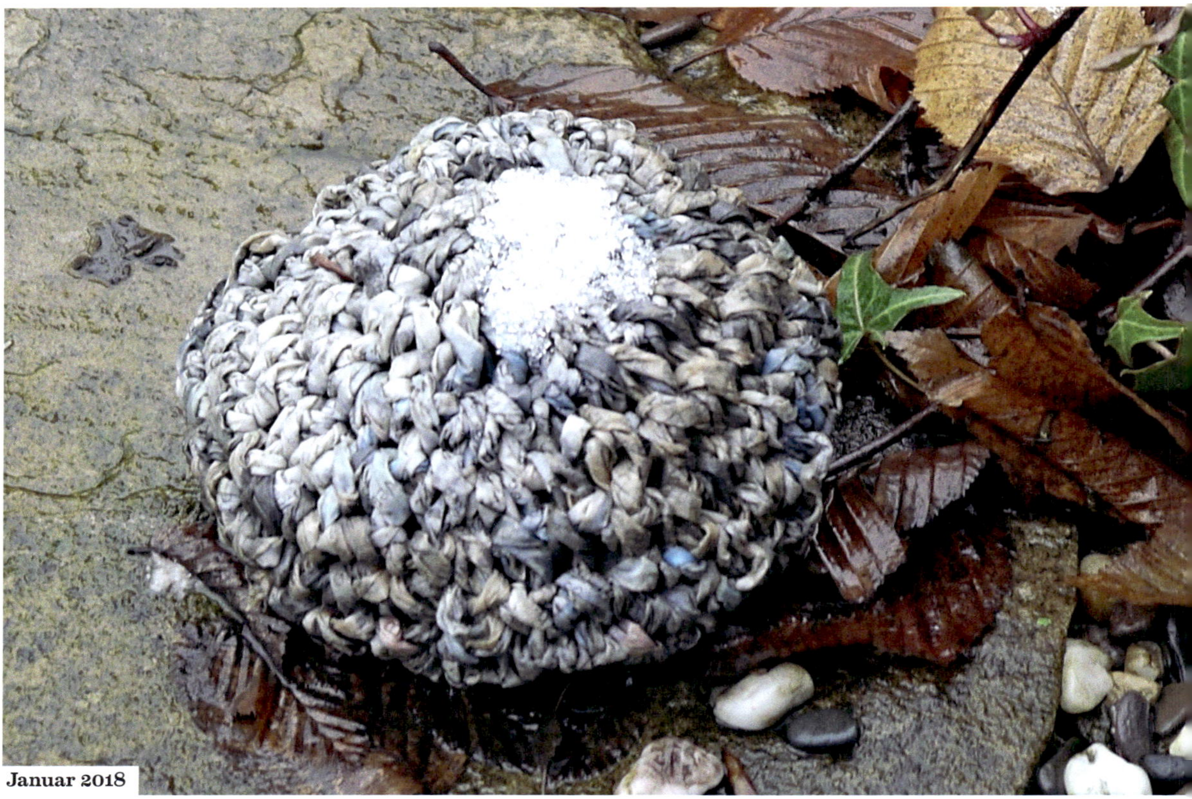

Januar 2018

Juli 2018

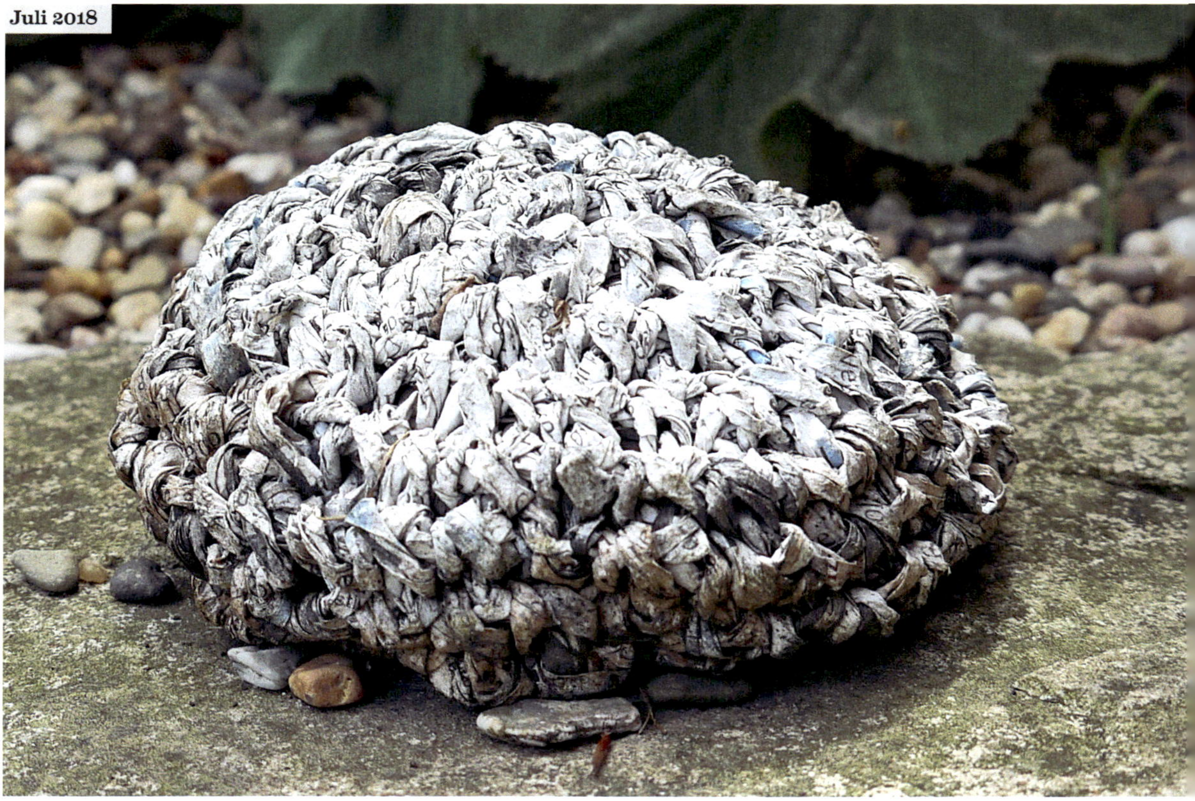

UND WENN ES NASS WIRD?

ICH WERDE IMMER WIEDER GEFRAGT, OB ICH MEINE BASTELOBJEKTE GEGEN DAS EINDRINGEN VON FEUCHTIGKEIT BEHANDLE.

Die Schmuckstücke ausgenommen, verzichte ich grundsätzlich auf jegliche Imprägnierung, weil diese die angenehme Haptik und Flexibilität des Materials zerstört und auch gar nicht erforderlich ist. Wir scheinen Zeitungspapier automatisch mit Nässe und Verfall zu assoziieren, denn es ist ja nicht für die Ewigkeit gemacht und hat normalerweise eine geringe Wetterbeständigkeit. Bei entsprechenden Bedingungen verrottet es schon nach wenigen Monaten, weshalb man seine in Zeitungspapier eingewickelten Küchenabfälle problemlos in der Biotonne oder auf dem Kompost entsorgen kann. Obwohl meine Arbeiten überwiegend für den Innenbereich gedacht sind, hat die Frage der Wetterbeständigkeit mich so interessiert, dass ich ein insgesamt 12 Monate dauerndes Experiment startete. Ich häkelte aus Papier eine Kugel, füllte sie mit Zeitungspapier und legte sie auf eine Steinplatte mitten in den Garten. Über Monate dokumentierte ich ihre Veränderung in meinen Social-Media-Kanälen. Meine Erwartung, dass sich die Kugel innerhalb weniger Wochen in ein matschiges Häufchen verwandeln würde, bestätigte sich nicht. Nach mehr als einem Jahr hatte sie aufgrund der Papierfüllung zwar ihre gleichmäßige Form eingebüßt, doch die verhäkelten Papierstreifen hatten Wind und Wetter erstaunlich gut standgehalten.

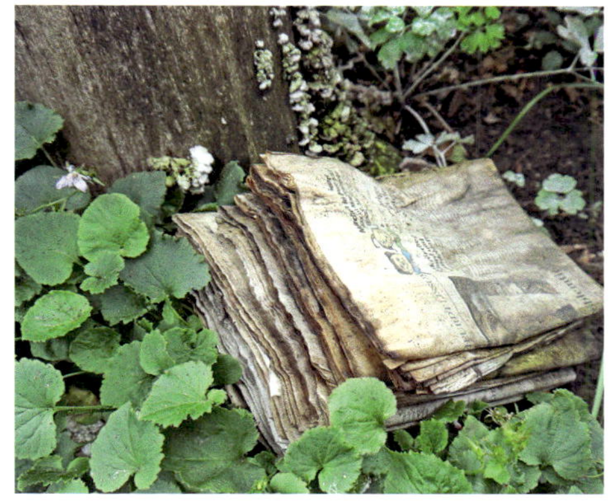

Tipp: Es hat einen ganz besonderen Reiz, den Zerfall von altem Zeitungspapier im Garten zu beobachten. Probieren Sie es aus, wenn Sie gerne herumexperimentieren.

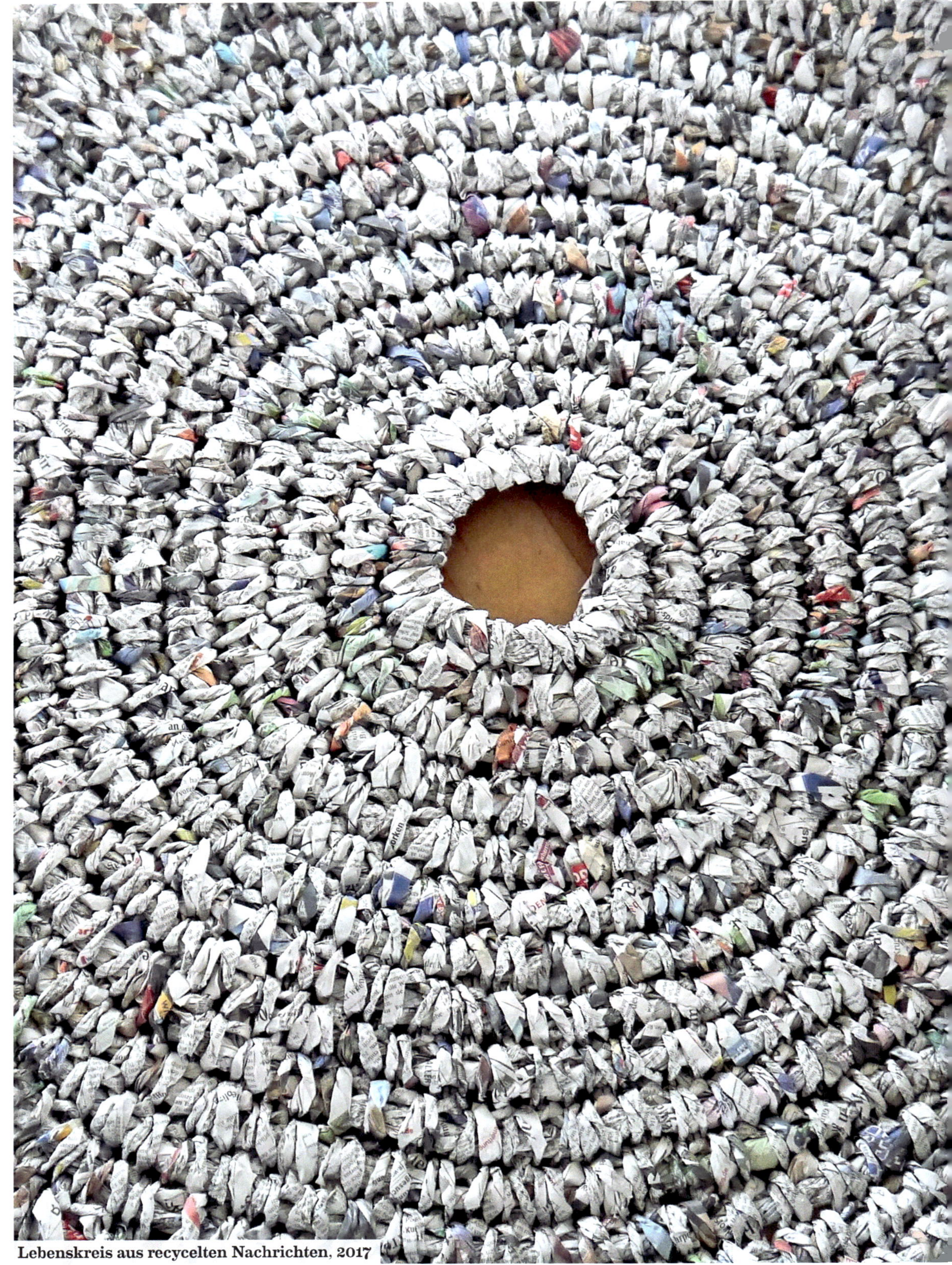

Lebenskreis aus recycelten Nachrichten, 2017

DIE SYMBOLKRAFT VON ZEITUNGSGARN

« DIE ZEITUNG IST DIE KONSERVE DER ZEIT.» BESSER ALS MIT DIESEM SATZ DES PUBLIZISTEN UND SATIRIKERS KARL KRAUS KANN MAN DIE KREATIVE ARBEIT MIT ALTEN ZEITUNGEN WOHL NICHT UMSCHREIBEN, AUCH WENN ER WAHRSCHEINLICH ETWAS ANDERES MEINTE.

Obwohl nach ihrer Verarbeitung zu Garn nur noch Wortfetzen und Bildausschnitte zu erkennen sind, steht die Zeitung doch sinnbildlich für sämtliche Facetten der Zeitgeschichte, von der Weltpolitik bis zu den lokalen Nachrichten, von den Geburts- bis zu den Todesanzeigen.

Verwendet man für besondere Geschenke zu festlichen Anlässen eine Zeitung mit dem passenden Datum oder eine alte Zeitung aus einem Verlagsarchiv, die am Tag des betreffenden Ereignisses wie zum Beispiel Hochzeit oder Geburt erschienen ist, entstehen individuelle Werke mit Symbolcharakter, die die Beschenkten viele Jahre im Alltag begleiten und erfreuen können.

Diese kreative Schlagzeile (rechts) zu einem Artikel über die Zeitungsspinnerei hat sich die Zeitschrift «Mokka» aus Borken ausgedacht.

Auch wenn ihr Inhalt oft schon am nächsten Tag überholt ist, bilden Tageszeitungen mit ihren aktuellen Berichten und Nachrichten unser gesamtes gesellschaftliches Leben ab.

AUS TEXT WIRD FORM

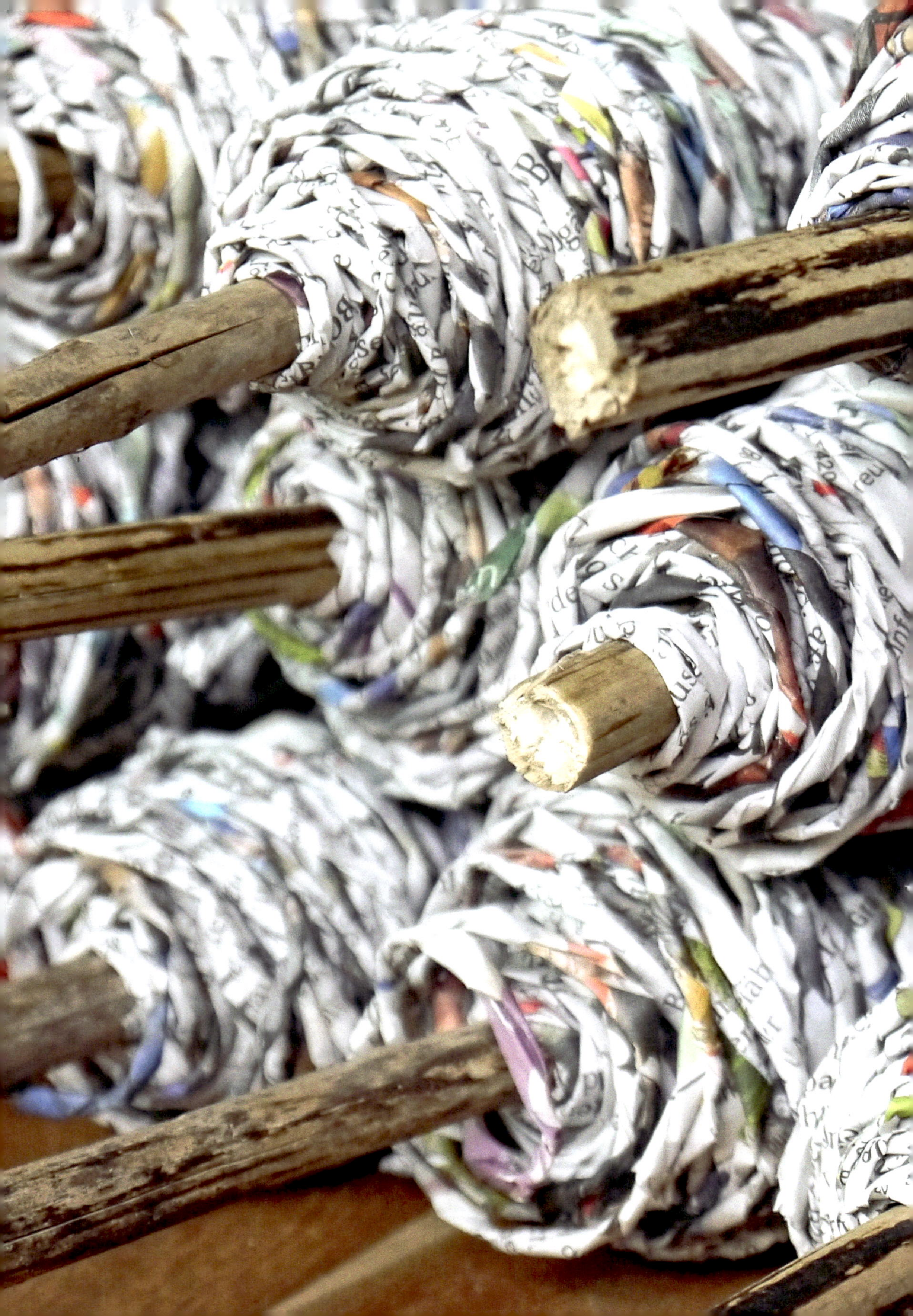

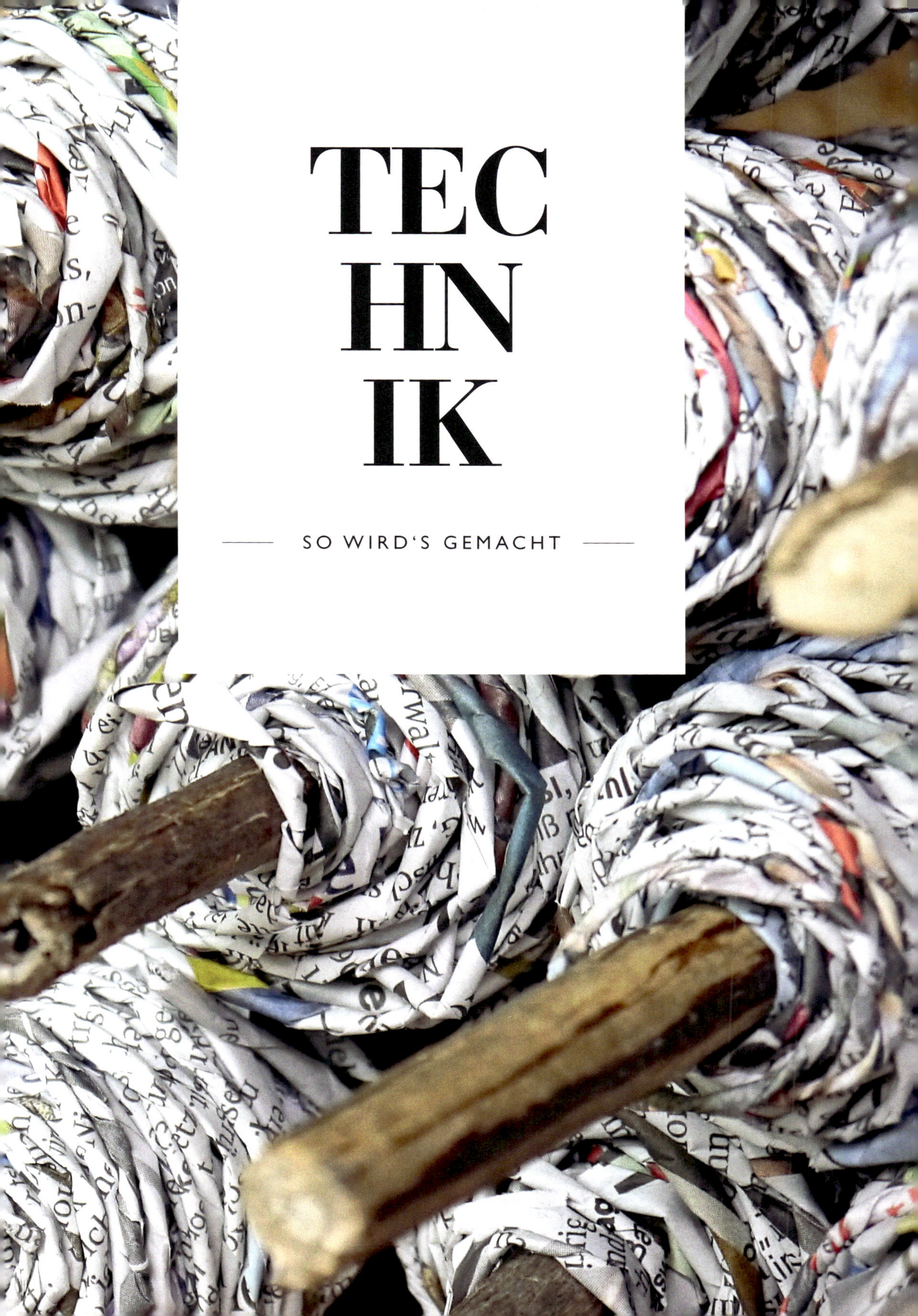

TEC HN IK

SO WIRD'S GEMACHT

WIE MAN ZEITUNGSGARN SPINNT

DAS SPINNEN VON ZEITUNGSGARN ERFOLGT NACH DEMSELBEN PRINZIP WIE DAS SEIT JAHRHUNDERTEN PRAKTIZIERTE SPINNEN VON SCHUR- UND BAUMWOLLGARN.

Beim Spinnen von Zeitungsgarn geht man nach demselben Prinzip vor wie bei dem seit Jahrhunderten praktizierten Spinnen von Schur- und Baumwollgarn. Beim Drehen von Handspindel oder Spinnrad entsteht im Spinngut ein Drall, den wir uns auch bei der Zeitungsspinnerei zunutze machen. Allerdings besteht rohes Wollvlies aus losen, kurzen Fasern, die erst durch das Verdrehen zu einem langen und elastischen Faden verbunden werden. Um ein stabiles Garn herzustellen, müssen anschließend oft zwei oder mehrere Fäden miteinander verzwirnt werden. Streifen aus Zeitungspapier jedoch enthalten bereits lange, robuste Fasern, die schon durch einmaliges Verdrehen eine enorme Stabilität erhalten. Im Unterschied zu Textilgarn ist Papiergarn aber kaum elastisch, was bei der Weiterverarbeitung berücksichtigt werden muss.

Das Spinnen von Wolle liegt seit Jahren wieder im Trend. Sollten Sie im Besitz eines Spinnrads sein, können Sie darauf auch problemlos Zeitungsgarn herstellen, sobald Sie sich mit dem ungewohnten Material vertraut gemacht und den «richtigen Drall» gefunden haben.

In den folgenden Kapiteln erkläre ich Ihnen Schritt für Schritt, wie man Zeitungsgarn herstellt. Es gibt sowohl einfache als auch anspruchsvollere Methoden, bei denen technische Hilfsmittel eingesetzt werden. Beginnen wir mit der einfachsten Technik: dem Spinnen mit den Fingern.

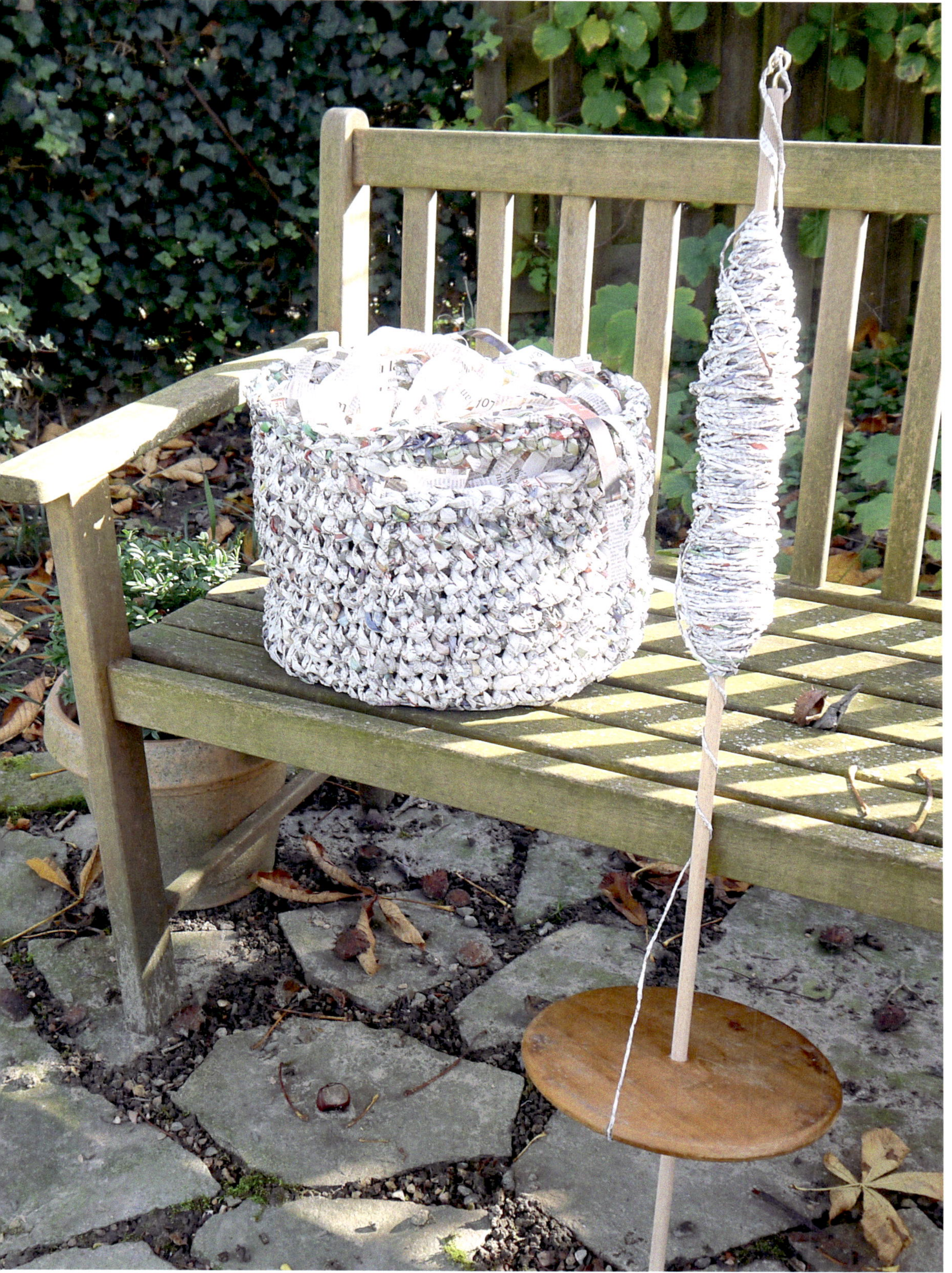

DIE ERSTEN SCHRITTE

Ein Tipp vorweg: Sehr trockene Fingerspitzen mit ein wenig Wasser oder Spucke anfeuchten oder eine winzige Menge Handcreme auftragen. Damit die Haut schön geschmeidig bleibt, waschen Sie sich die Hände zwischendurch nicht zu häufig. Ölhaltige Druckfarben färben heutzutage viel weniger ab als früher. Sie lassen sich nach dem Spinnen mühelos mit Wasser und Seife abwaschen und sind nach meinen Recherchen gesundheitlich unbedenklich.

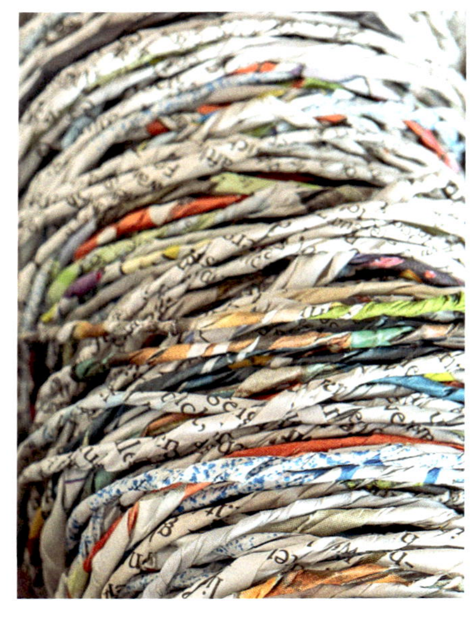

· Zeitungspapier (keine Prospekte oder Zeitschriften)
· Klebestift
· Schere oder Papierschneidemaschine

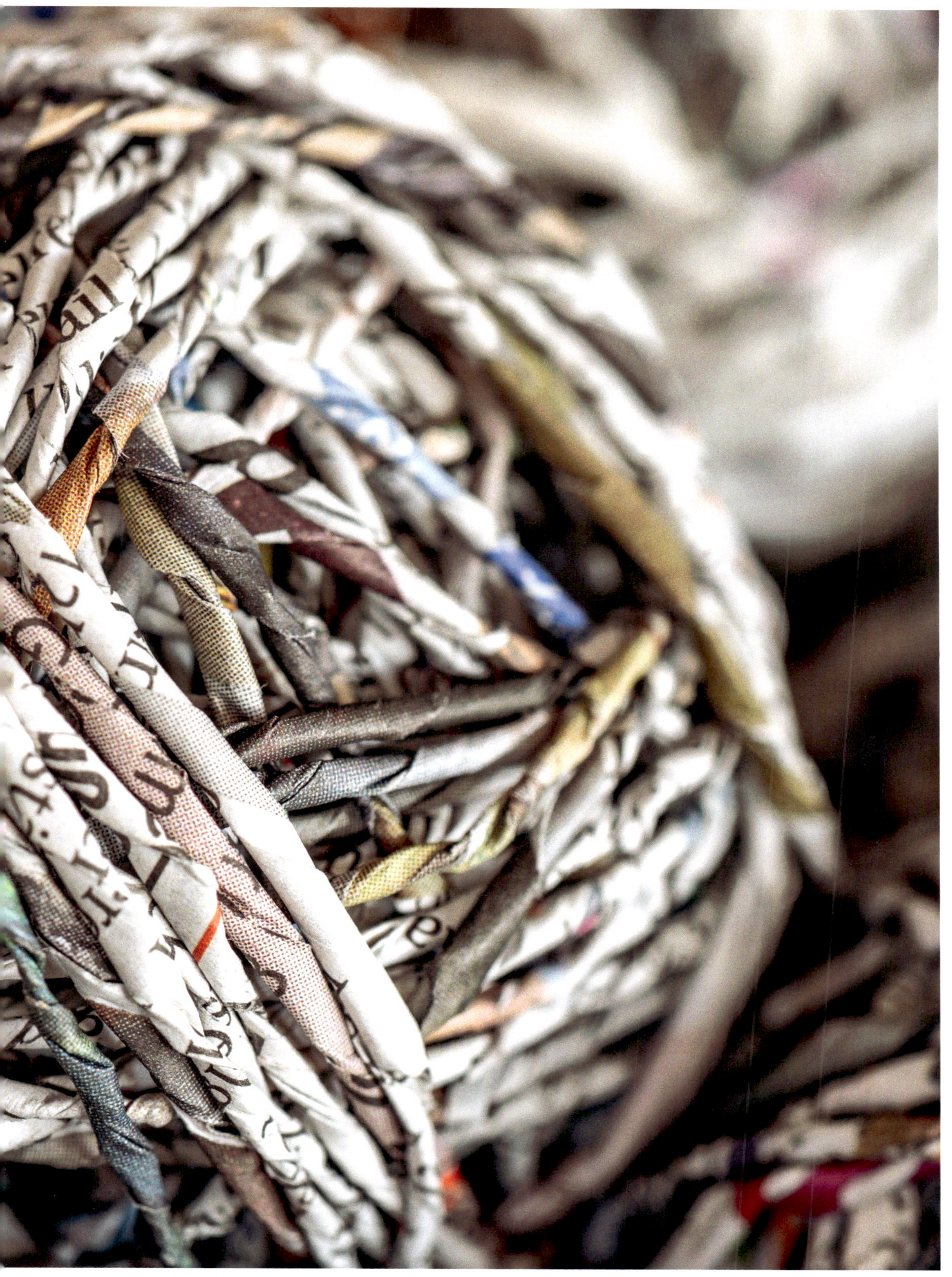

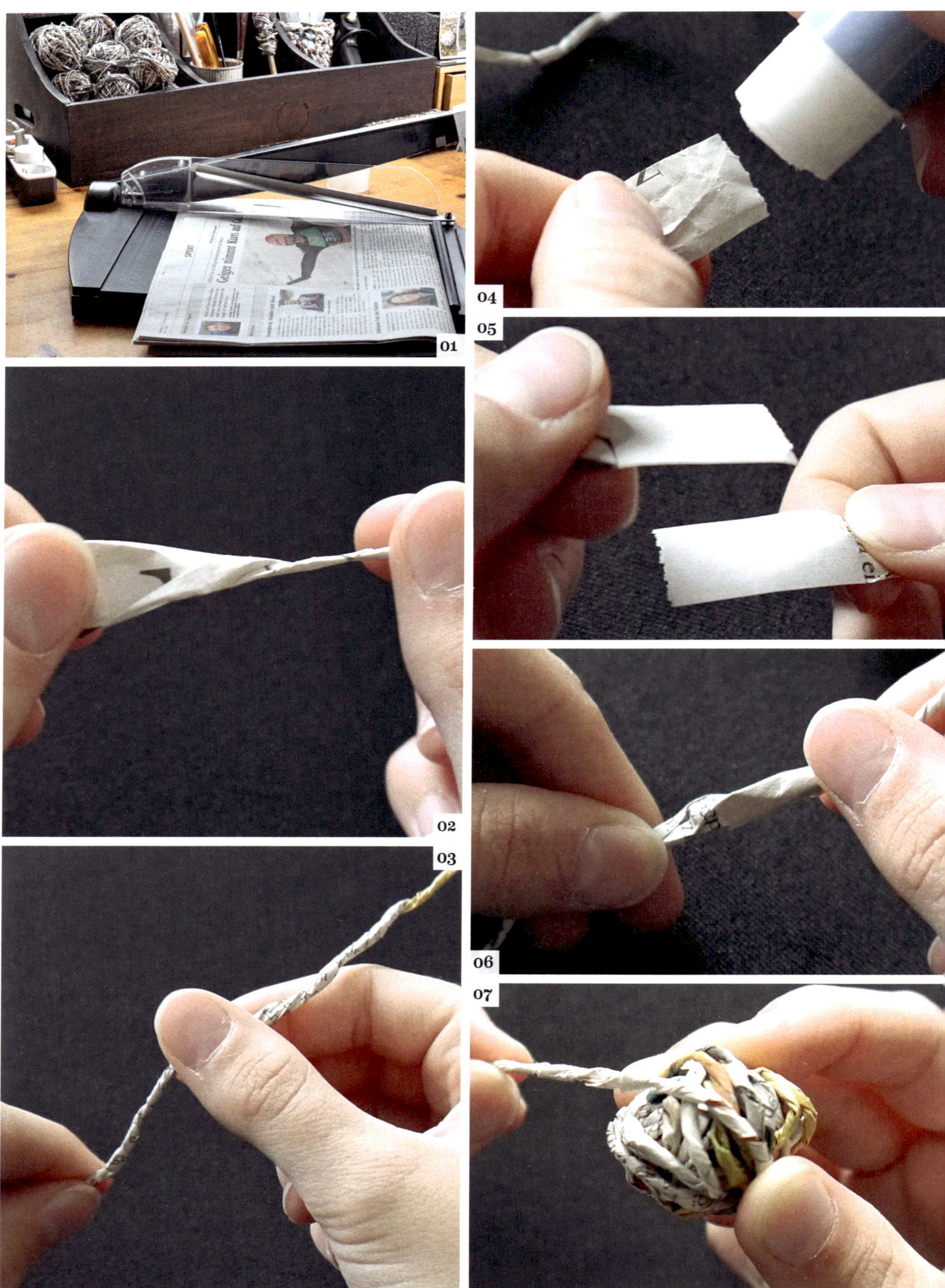
01
02
03
04
05
06
07

SCHRITT 1: PAPIER ZUSCHNEIDEN

(01) Schneiden Sie die Zeitung mit der Schere oder Schneidemaschine von oben nach unten, also quer zur Schrift, in 1 bis 1,5 cm breite Streifen. Je breiter die Streifen, umso dicker wird das Papiergarn. Mit der Schneidemaschine können Sie mehrere Lagen Papier gleichzeitig schneiden, wenn Sie eine Schere verwenden, nehmen Sie besser nur eine Doppelseite und falten Sie zur Vereinfachung einmal quer in der Mitte.

SCHRITT 2 : MIT DEN FINGERN SPINNEN

(02) Den Anfang eines Zeitungsstreifens leicht zerknüllen und verdrehen. Dabei die ersten 2 cm aussparen. Den Streifen mit der linken Hand festhalten und mit Daumen und Zeigefinger der rechten Hand im Uhrzeigersinn verzwirbeln. Wenn Sie Linkshänderin oder Linkshänder sind, halten Sie den Streifen mit der rechten Hand und drehen den Faden zwischen Daumen und Zeigefinger der linken Hand gegen den Uhrzeigersinn.

(03) Die Hände werden dicht beieinander gehalten und wandern zentimeterweise nach rechts oder links. Die Technik erfordert ein wenig Geduld und Übung; probieren Sie sie in aller Ruhe an mehreren Papierstreifen aus. Sehr bald werden Sie ein Gefühl dafür haben, wie stark der Drall sein darf bzw. muss, damit das Garn schön gleichmäßig wird. Ist der Faden nicht stark genug verdreht, dreht sich das Garn wieder auf und würde bei der späteren Verarbeitung schnell reißen. Ist der Drall zu stark, zieht sich das Garn wie beim Verzwirnen zusammen, und es entstehen spitze Ecken, die beim Häkeln oder Stricken sehr unangenehm für die Finger sein können. Auch die letzten 2 cm werden nicht verdreht, denn sie werden später für die Verbindung der einzelnen Garnstücke benötigt. Wichtig: Damit sich das Garn später nicht wieder aufdreht, müssen allen Streifen in dieselbe Richtung verdreht werden.

SCHRITT 3: FÄDEN VERBINDEN

Wenn sie ein Gefühl für das Material haben und mit Ihren Fäden zufrieden sind, verbinden Sie diese zu einem langen Faden. Dazu bestreichen Sie ein Fadenende mit Klebstoff **(04)**, legen zwei Streifen ca. 2 cm übereinander **(05)** und verzwirbeln diese Verbindung vorsichtig **(06)**.

SCHRITT 4: GARN AUFWICKELN

(07) Sobald einige Meter Papiergarn fertig sind, wickeln Sie es zu einem kleinen Knäuel. Weitere Fäden einfach jeweils am Fadenende ansetzen.

Wenn Sie auf herkömmliche Klebestifte mit Plastikhülle verzichten möchten, verwenden Sie zum Verleimen des Papiers eine gekochte, halbierte Pellkartoffel. Einfach mit der Schnittfläche über ein Ende des Zeitungsfadens streichen. Durch die in der Kartoffel enthaltene Stärke hält die Verbindung nach dem Auflegen des zweiten Fadenendes perfekt. Wenn die Schnittfläche nach einiger Zeit zu trocken wird, schneiden Sie die Kartoffel an einer anderen Stelle nochmals durch. Auch für andere Papierbasteleien ist dies eine praktische und umweltschonende Alternative zu herkömmlichem Klebstoff. Natürlich lassen sich die Fadenenden auch ohne Kleber übereinanderlegen und verdrehen, dies ist aber wesentlich kniffliger. Probieren Sie es einfach aus.

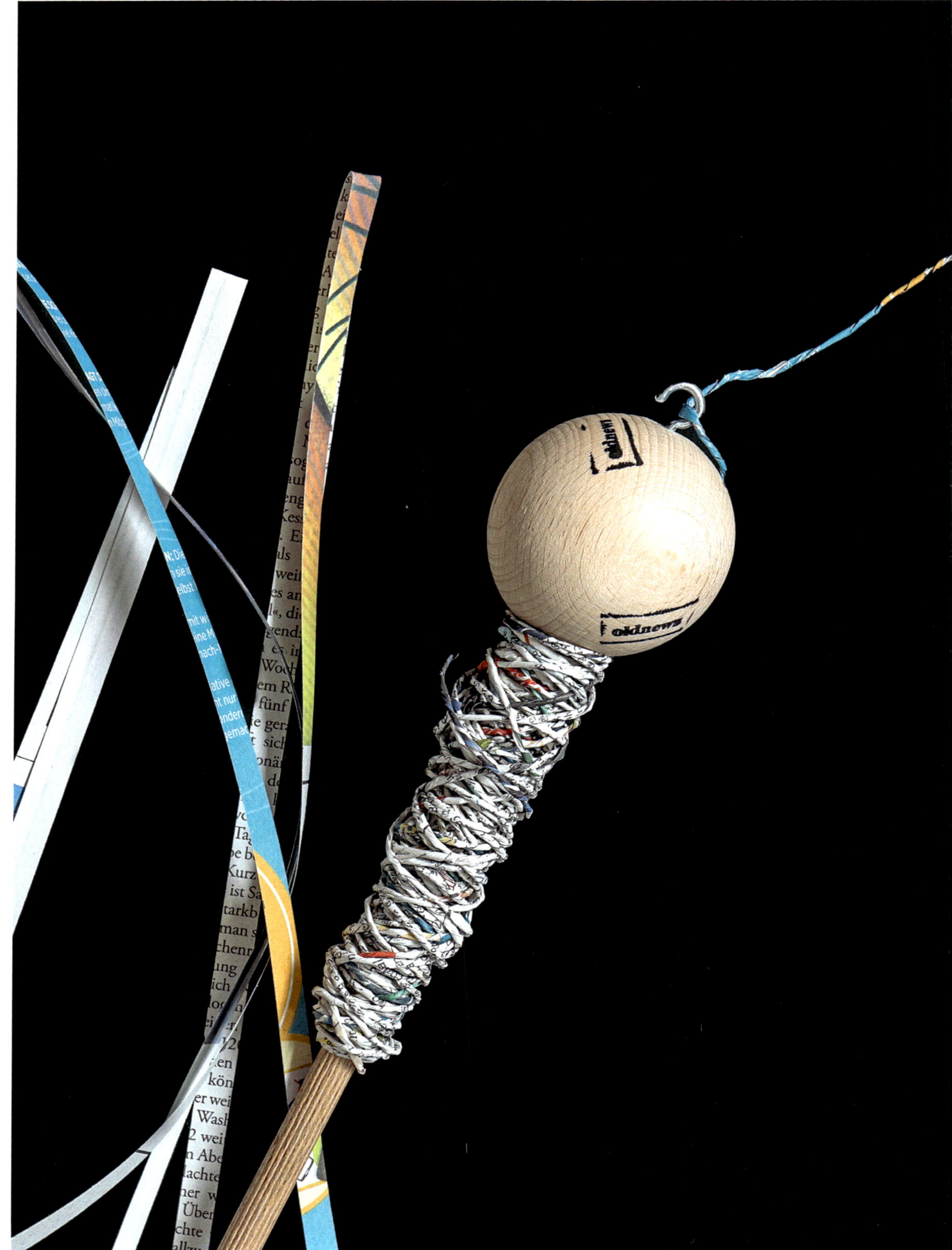
oldnews
oldnews

SPINNEN MIT DER HANDSPINDEL

MIT EINER HANDSPINDEL MACHT DAS SPINNEN WESENTLICH MEHR SPASS, GEHT BEDEUTEND SCHNELLER UND IST ERGONOMISCHER.

Um die Methode zu veranschaulichen, verwende ich eine spezielle Spindel, die sich in Anfängerworkshops bewährt hat und auf Wunsch mit einer Kurzanleitung bestellt werden kann (Bezugsquelle im Anhang). Am Ende dieses Kapitels finden Sie aber auch eine Anleitung zur Herstellung einer einfachen Handspindel aus Haushaltsgegenständen.

SCHRITT 1–3

Zwei Fäden mit den Fingern spinnen (siehe S. 26–27) und zu einem langen Faden verbinden.

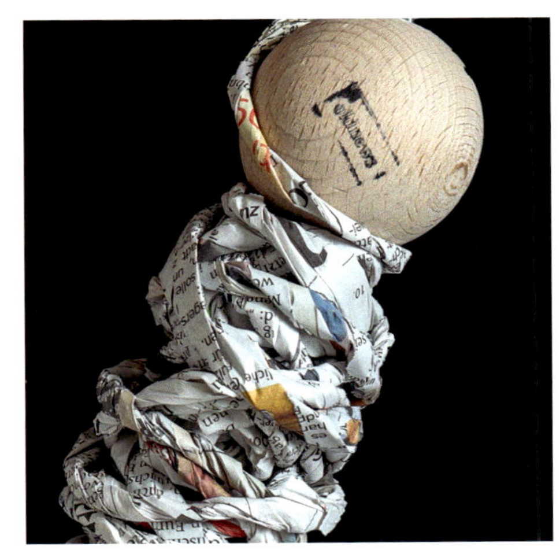

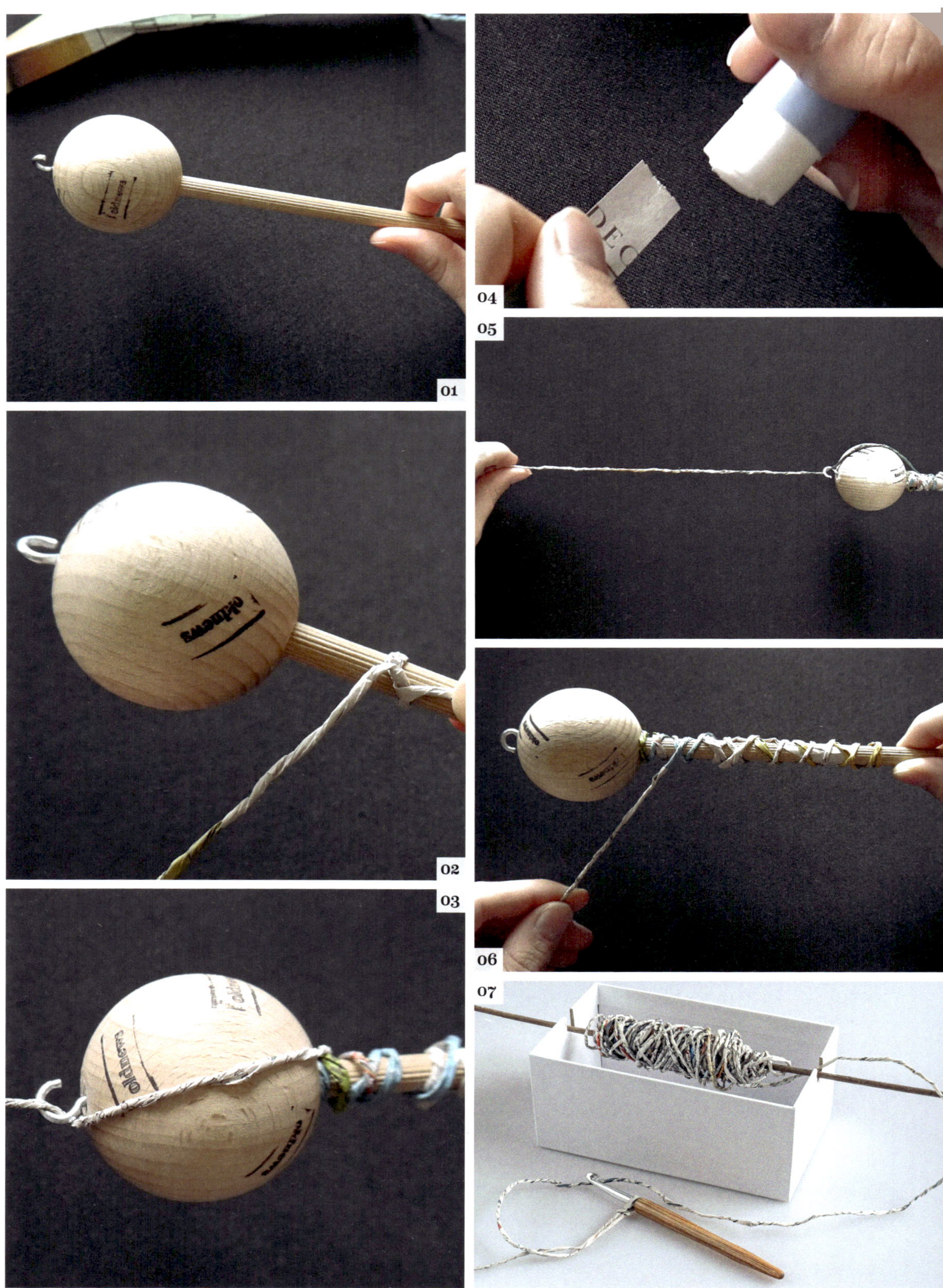
01
02
03
04
05
06
07

SCHRITT 4: «TROCKENÜBUNGEN» MIT DER SPINDEL

(01) Halten Sie den Stab Ihrer Handspindel mit der rechten Hand waagerecht vor den Körper, und drehen Sie die Spindel im Uhrzeigersinn, also von unten nach oben. Der Haken zeigt dabei nach links. Achten Sie von Anfang an auf eine lockere, bequeme Körperhaltung, und legen Sie die Handspindel öfter ab, damit Arm und Schulter nicht verspannen. Manche Menschen empfinden es als angenehmer, die Spindel beim Drehen auf den Tisch zu legen. Hierbei empfiehlt sich ein Tischset oder eine Zeitung als Unterlage. Probieren Sie aus, welche Haltung für Sie am bequemsten ist. Linkshänder nehmen die Spindel besser in die linke Hand und drehen sie gegen den Uhrzeigersinn.

SCHRITT 5: BEFESTIGEN DES FADENS

Mit einem einfachen Knoten befestigen Sie den Anfang Ihres vorgesponnenen Fadens direkt unterhalb der Kugel vorsichtig am Stab. Dabei ca. 2 cm des Fadens überstehen lassen und mit dem Daumen der rechten Hand festhalten **(02)**. Den gesponnenen Faden mit der linken Hand straff nach unten halten und den Stab im Uhrzeigersinn drehen. Dabei wickelt sich das Garn zunächst um den Knoten und das kurze Fadenende, bis es fixiert ist. Die letzten 15 cm des Fadens über die Kugel führen und einmal durch den Rundhaken fädeln **(03)**. Kleben Sie einen neuen Papierstreifen an, wie auf Seite 27 beschrieben **(04)**.

SCHRITT 6: SPINNEN

Nun beginnt das eigentliche Spinnen. Halten Sie das Fadenende straff zwischen Daumen und Zeigefinger der linken Hand. Den Stab wie gewohnt im Uhrzeigersinn drehen und dabei den Papierstreifen zu einem gleichmäßigen Faden drehen **(05)**. Wenn Sie spüren, dass der Drall Ihre Finger erreicht, wandern sie mit der linken Hand zentimeterweise immer weiter nach links, bis Sie, je nach Armlänge, 40 bis 60 cm Garn gesponnen haben.

SCHRITT 7: AUFWICKELN

(06) Lösen Sie den gesponnenen Faden aus dem Haken, halten Sie den Faden mit der linken Hand straff nach unten und drehen Sie die Spindel mit der rechten Hand im Uhrzeigersinn. Beim Aufwickeln den Faden gleichmäßig etwa im 45-Grad-Winkel hin- und herführen und nur die Hälfte des Spindelstabs nutzen. Das Fadenende wieder durch den Haken fädeln und weiterspinnen. Halten Sie die Spindel dabei an der leeren, äußeren Hälfte des Stabs. Sobald Sie sicher sind, dass Sie den richtigen Drall hinbekommen, legen Sie die Spindel aus der Hand und kleben mehrere Papierstreifen zusammen. So können Sie spinnen, ohne die Spindel ständig absetzen zu müssen. Achten Sie darauf, dass der Drall nur bis zu Ihren Fingern reicht und sich der restliche Papierstreifen nicht verdreht und verheddert.

Wenn die Handspindel voll ist, können Sie das Garn direkt verarbeiten oder zu einem Knäuel aufwickeln und mit der leeren Spindel neu beginnen.

Tipp: (07) Legen Sie sich einen kleinen Materialvorrat an, indem Sie Ihr Garn jeweils von der Spindel auf einen dünneren Stab schieben. Den Stab für die Weiterverarbeitung quer über einen kleinen Karton oder ein Körbchen legen – so wickelt sich das Garn nach und nach ab und bleibt dabei schön straff. Am besten schneiden Sie mit einem Messer zwei kleine Führungsfugen in die einander gegenüberliegenden Oberkanten des Kartons, dann kann der Stab nicht verrutschen.

BAUANLEITUNG
FÜR EINE
EINFACHE HANDSPINDEL

Bohren Sie in ein Ende des Holzstabs ein kleines Loch für den Haken. Legen Sie den Deckel des Marmeladenglases auf ein Brettchen, und schlagen Sie ein kleines Loch in die Mitte. Anschließend den Rundhaken durch den Deckel in den Stab schrauben. Falls der Deckel wackeln sollte, können Sie ihn von unten mit ein wenig Klebstoff fixieren. Er hat beim Spinnen dieselbe Funktion wie die Kugel meiner Spindel: Er sorgt für den richtigen Schwung und verhindert das Abrutschen des Garns.

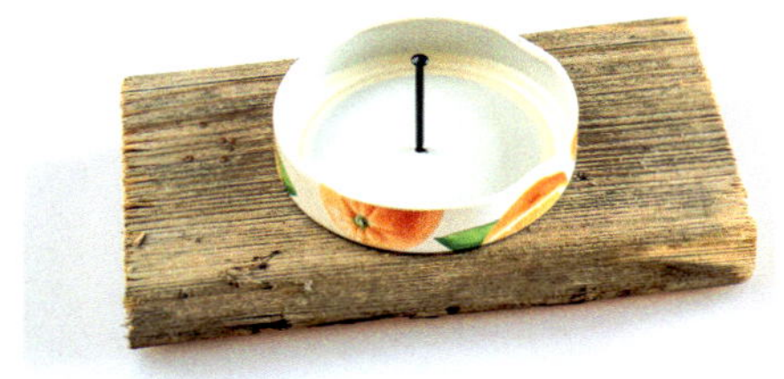

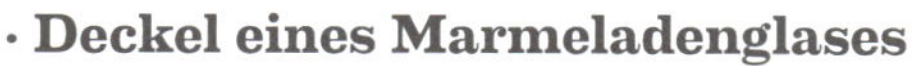

· Deckel eines Marmeladenglases
· Runder Holzstab, am besten geriffelt, ø: 8 bis 10 mm, Länge: 30 cm
· Offener Rundhaken, ø: 10 mm
· Evtl. Alleskleber oder Klebepistole
· Hammer und Nagel

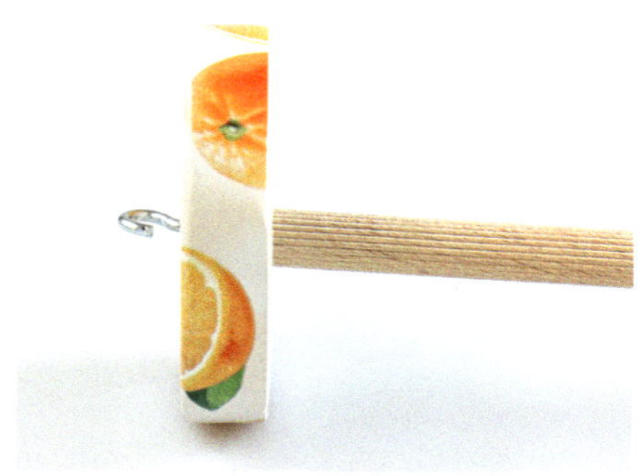

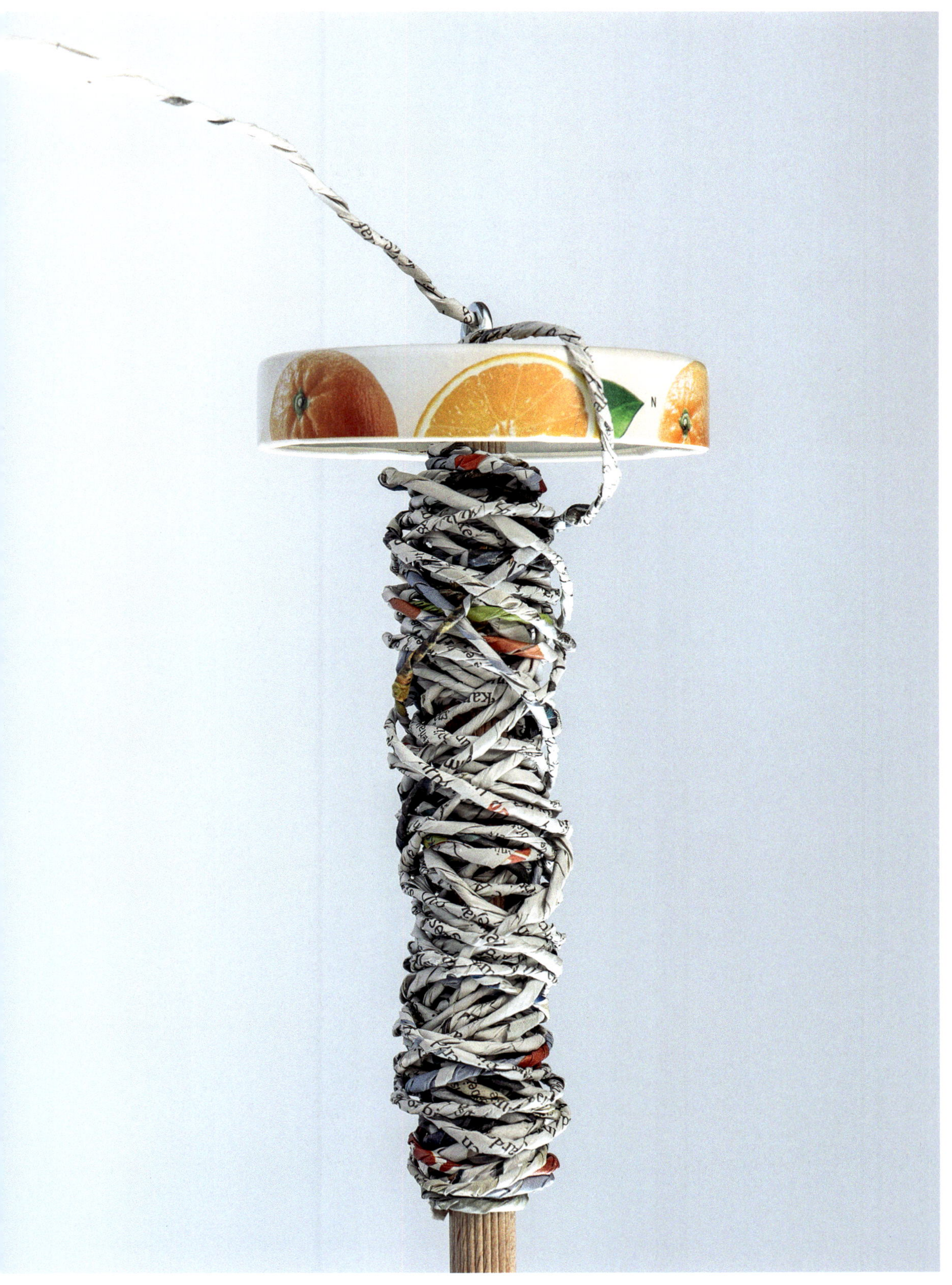

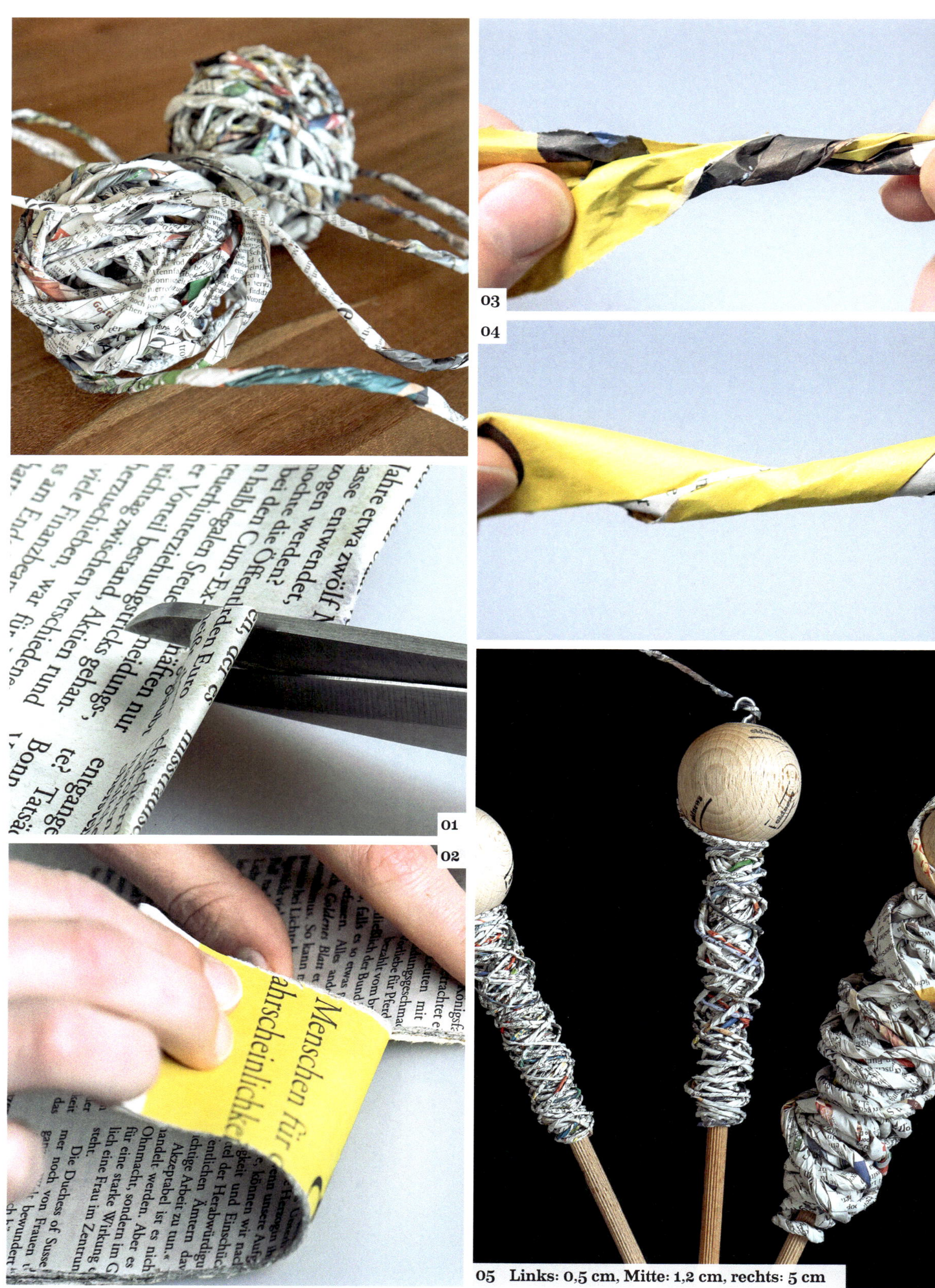

01

02

03

04

05 Links: 0,5 cm, Mitte: 1,2 cm, rechts: 5 cm

ZEITUNGSSCHNUR SPINNEN

NACH DEM BESCHRIEBENEN PRINZIP KÖNNEN SIE PAPIERSTREIFEN IN JEDER GEWÜNSCHTEN BREITE SPINNEN.

Mit zunehmender Garnstärke werden Bildausschnitte und Schrift immer besser erkennbar – selbst Fotos oder Namen von Politikern oder Sportlern lassen sich gelegentlich identifizieren. Für dickere Schnüre verwende ich daher keine Seiten mit privaten Todesanzeigen oder Ähnliches.

SCHRITT 1

Je breiter der Papierstreifen, desto dicker das Garn **(01)**. Für Körbe, Taschen und Lampenschirme empfehle ich eine Streifenbreite von 5 bis 6 cm und eine Häkelnadel in Stärke 15. Da es hier nicht auf einen exakten Zuschnitt ankommt, können Sie sich die Faserrichtung des Papiers zunutze machen und die Zeitung mit Schwung in Längsrichtung, also von oben nach unten, durchreißen **(02)**. Es reicht völlig aus, wenn Sie die Zeitung vorher nur an der Mittelfalz einige Zentimeter einschneiden.

SCHRITT 2–3

Fahren Sie fort, wie in der Anleitung für dünnes Garn beschrieben (siehe S. 26–27). Sie werden feststellen, dass breite Papierstreifen längst nicht so fest verdreht werden müssen wie dünne. Drehen Sie das Streifenende mit Zeigefinger und Daumen der rechten Hand um sich selbst **(03)**, und formen Sie die Schnur mit der linken Hand. Auch hier ist es am einfachsten, zunächst mehrere Schnüre zu drehen und sie erst dann zu verbinden und aufzuwickeln **(04)**.

AB SCHRITT 4

Auch dicke Schnur kann wie feines Zeitungsgarn mit der Handspindel gesponnen werden. Da sie aber bedeutend weniger Drall benötigt und die Spindel schnell voll ist, geht das kaum schneller als das Spinnen von Hand. Allerdings wird die Schnur meist gleichmäßiger. Noch besser klappt es mit elektrischer Unterstützung, aber dazu später mehr. Verschiedene Garnstärken zum Vergleich: **(05)**.

ZEITUNGSSEIL SPINNEN

HÄTTEN SIE GEDACHT, DASS MAN AUS ALTEN ZEITUNGEN SOGAR RICHTIG STARKE SEILE HERSTELLEN KANN?

Im Sommer eignet sich hierfür zum Beispiel der Garten; so haben auch Ihre Nachbarn etwas davon. Rosenbeete und windiges Wetter sind aber eher hinderlich, wie Sie hier sehen können.

Das Drehen von Zeitungsseil funktioniert am besten, wenn Sie dabei von einer kräftigen Person unterstützt werden. Bauen Sie aus einem Besenstiel und einem großem Rundhaken gemeinsam eine überdimensionierte Handspindel. Ich verspreche Ihnen, Sie werden eine Menge Spaß haben.

(01+02) Das Seil wird nach demselben Prinzip gedreht wie die anderen Schnüre und Fäden. Kleben Sie, je nach verfügbarem Platz, ruhig zehn oder mehr Zeitungsseiten aneinander, und verdrehen Sie den Anfang so, als würden Sie ein Tuch kräftig auswringen.

(03) Drücken Sie Ihrem Spinnpartner die Spindel in die Hand, und befestigen Sie den Anfang des Seils mit einem Knoten am Ende der Spindel, wie Sie es von der Arbeit mit der kleinen Handspindel kennen.

(04) Ihr Partner muss die Riesenspindel nun waagerecht in Ihre Richtung halten und langsam im Uhrzeigersinn rehen. Währenddessen formen Sie das Seil, indem Sie das Zeitungspapier mit beiden Händen fest zusammendrücken und sich Schritt für Schritt von Ihrem Partner und der Spindel entfernen **(05+06)**. Das fertige Seil ablegen und auf die Spindel **(07+08)** oder zu einer Kugel wickeln. Im Schulflur eines Gymnasiums haben wir auf diese Weise über 150 m Seil gedreht. Dafür haben sich meine Arme allerdings mit einem mehrtägigen Muskelkater bedankt.

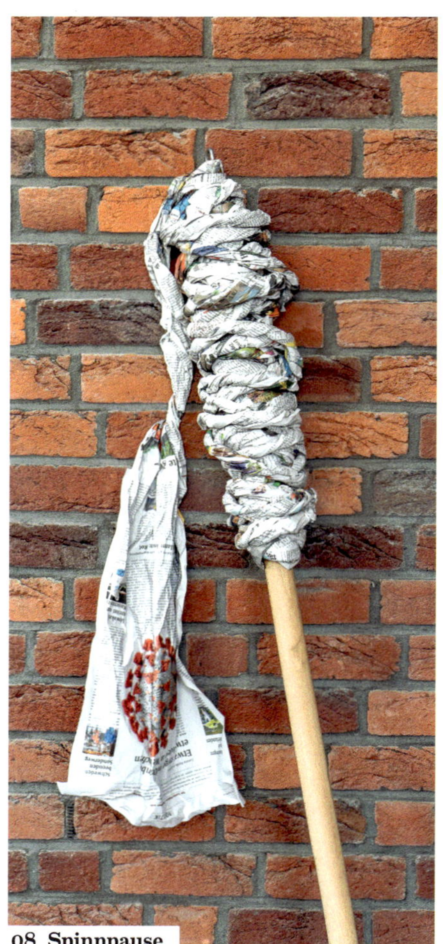

08 Spinnpause

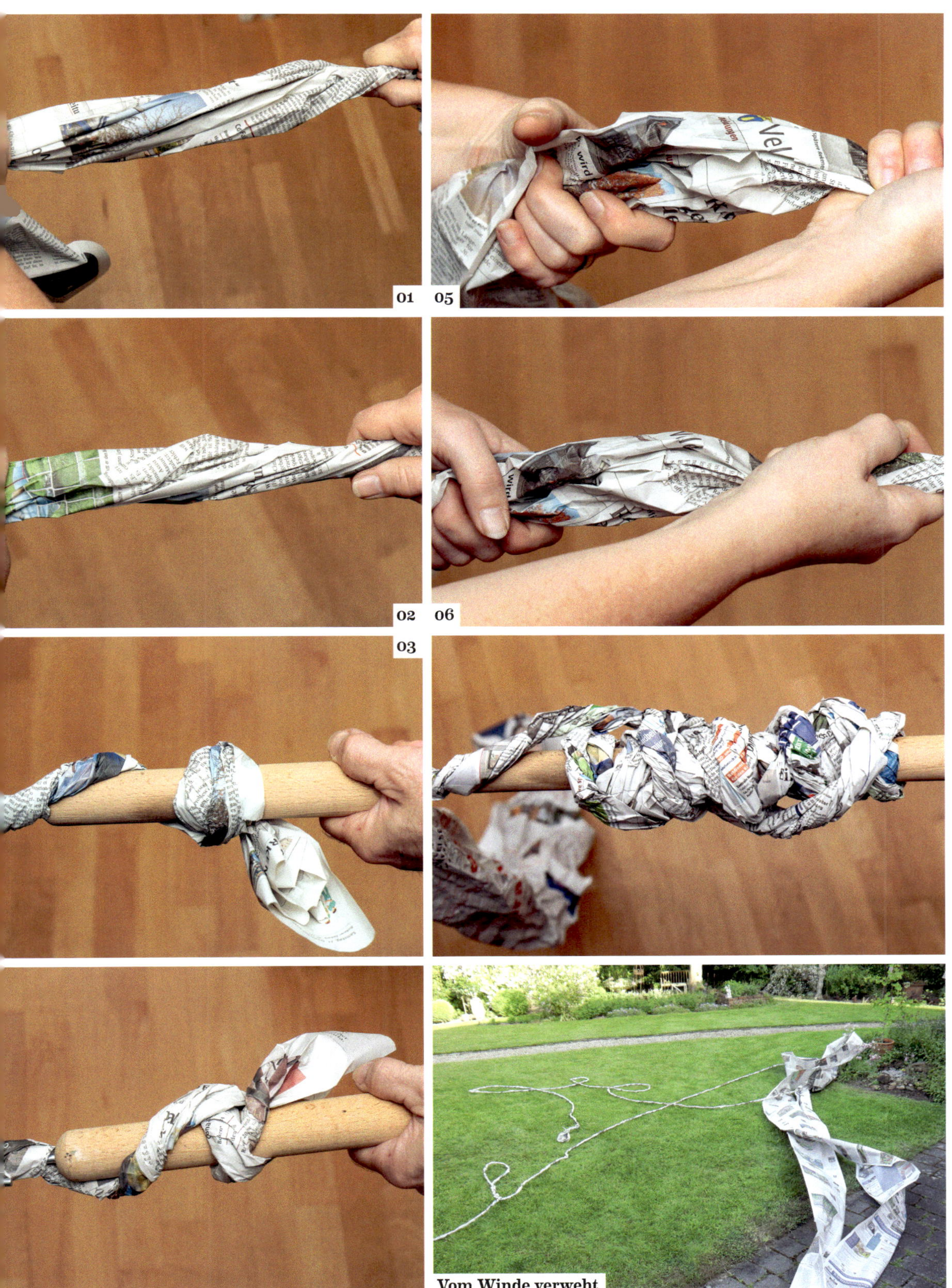
01 05
02 06
03
Vom Winde verweht

FÜR FORTGESCHRITTENE – SPINNEN MIT STROM

AUF DER SUCHE NACH EINER MÖGLICHKEIT, DAS SPINNTEMPO UND DAMIT DIE PRODUKTIVITÄT ZU ERHÖHEN, HABE ICH MIR EINE ETWAS UNKONVENTIONELLE KONSTRUKTION EINFALLEN LASSEN.

Für alle, die bis hierher durchgehalten haben und größere Garnmengen herstellen möchten, lüfte ich hier mein bisher streng gehütetes «Betriebsgeheimnis ». Die Apparatur bietet den großen Vorteil, dass Sie beide Hände fürs Spinnen frei haben und nicht eine Hand ständig damit beschäftigt ist, die Spindel in Schwung zu halten.

- **Bohrmaschine mit Stufenregelung und Schalter für Dauerlauf**
- **Große Schraubzwinge oder Spanngurt**
- **Stabiler Tisch oder Standregal**
- **Funksteckdose mit Fernbedienung**
- **Holzstab, Ø: 10 mm, Länge: 30 cm**
- **Offener Rundhaken, Ø: 10 mm**
- **Zeitungspapier**
- **Klebestift**
- **Hosentasche (wichtig!)**

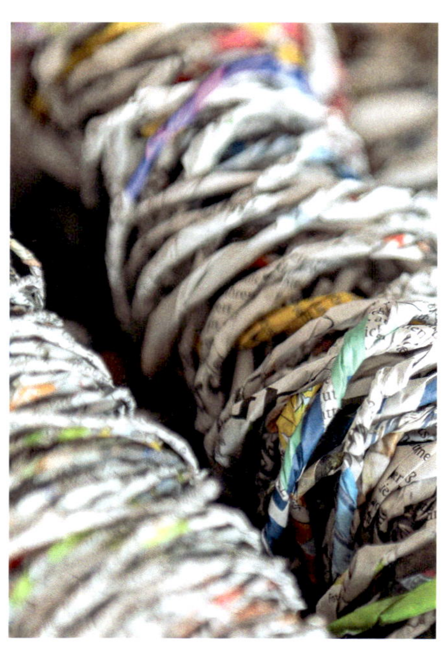

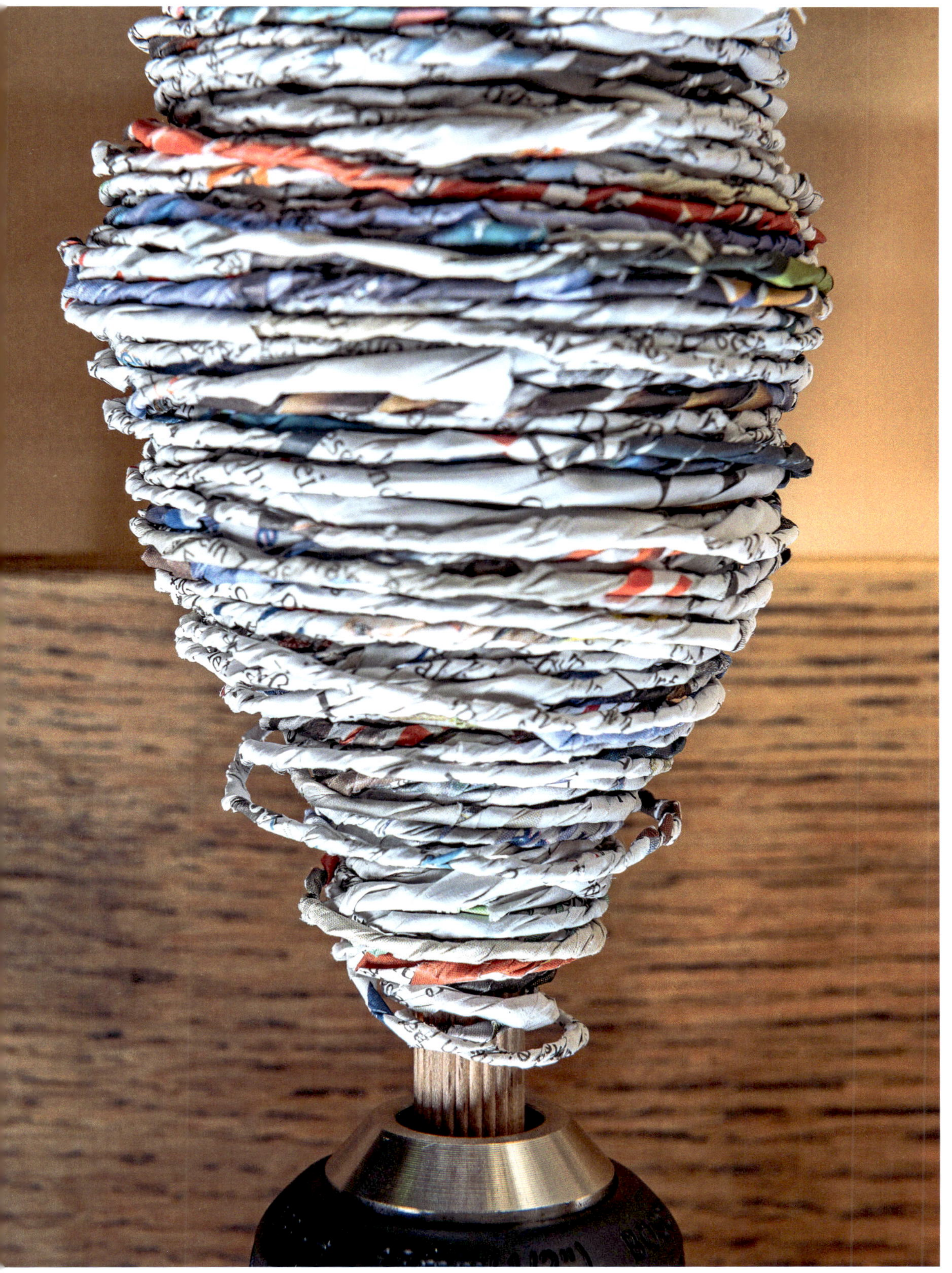

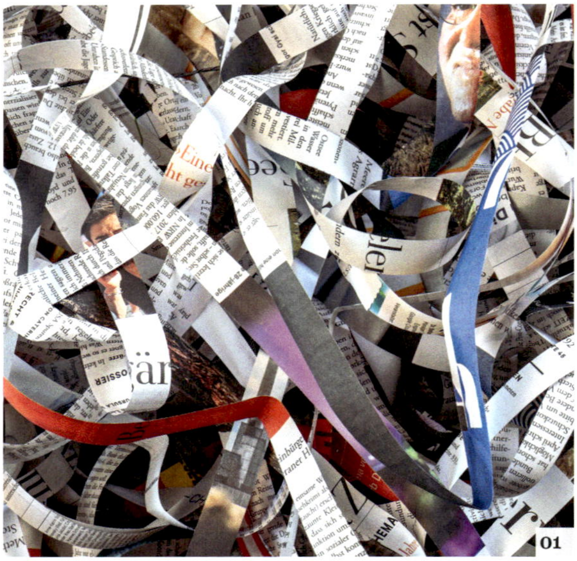

01

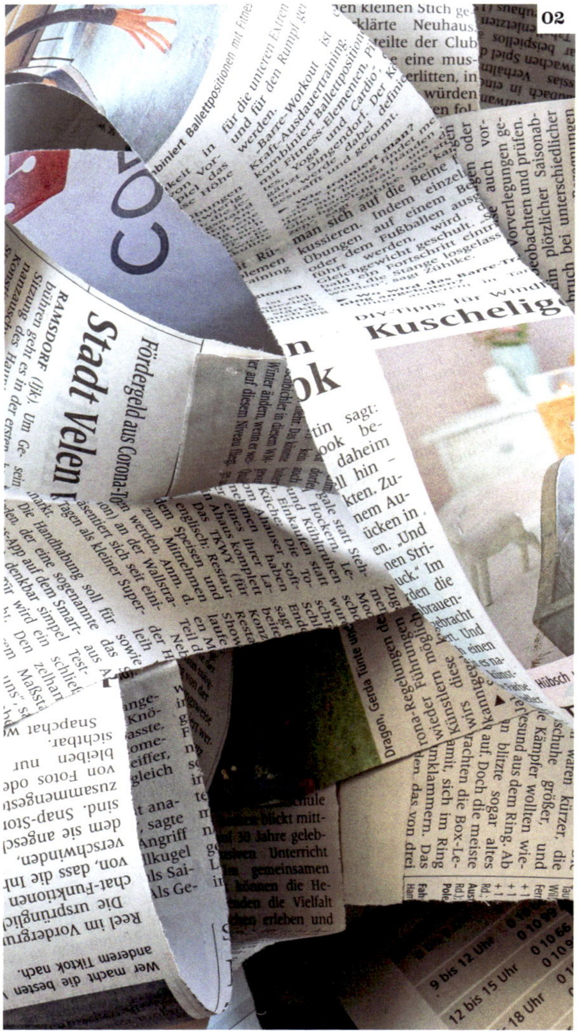

02

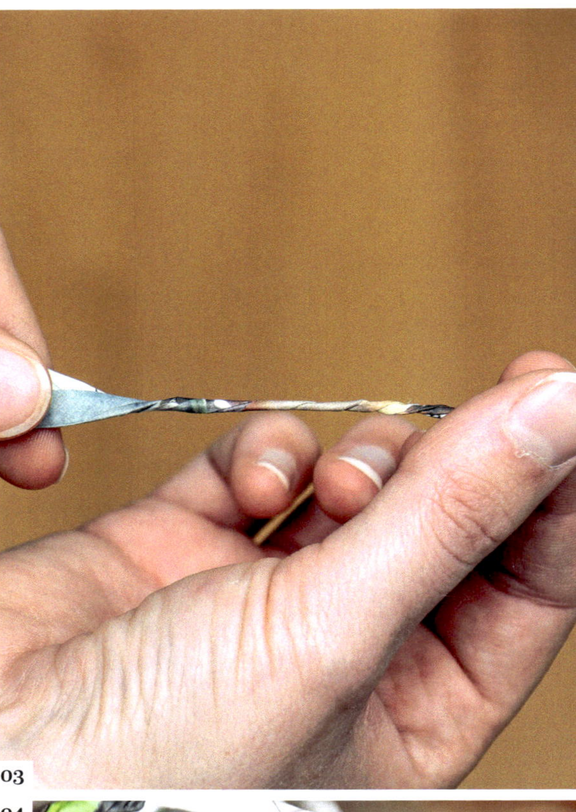

03

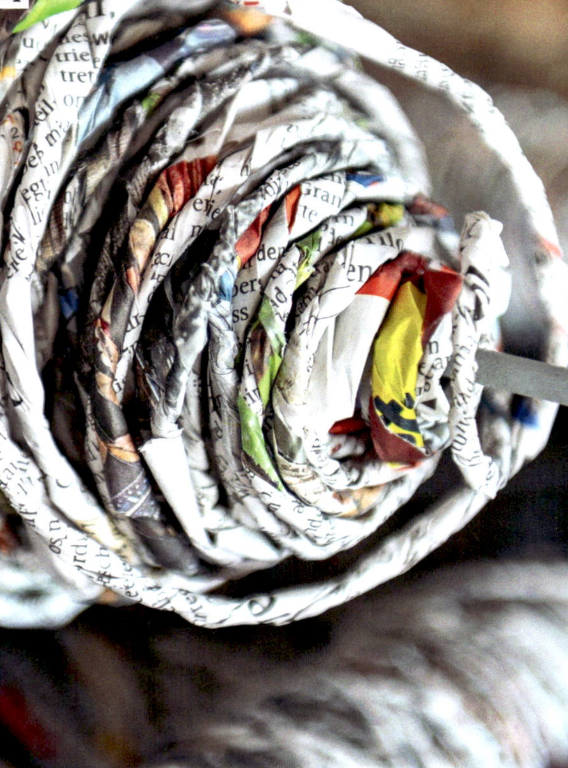

04

(01+02) Bevor es richtig losgeht, kleben Sie beliebig viele Zeitungsstreifen in der gewünschten Breite aneinander. Ein Wäschekorb oder ein großer Karton leistet für die Zwischenlagerung des Endlosstreifens gute Dienste.

Schrauben Sie den Rundhaken in das Ende des Holzstabs. Die Bohrmaschine mithilfe der Schraubzwinge oder mit dem Spanngurt waagerecht stabil am Tisch befestigen. Um eine Überhitzung des Motors zu vermeiden, müssen die Lüftungsschlitze frei bleiben. Achten Sie darauf, dass das Bohrfutter in Arbeitsrichtung über die Tischkante hinausragt, und stellen Sie die Regler auf Rechtslauf und die langsamste Umdrehungsgeschwindigkeit. Den Netzstecker der Bohrmaschine in die Funksteckdose stecken. Die ON-Taste der Fernbedienung drücken und an der Bohrmaschine den Knopf für den Dauerbetrieb einrasten lassen. Die Fernbedienung auf OFF stellen und die Bohrmaschine so wieder von der Stromzufuhr trennen; der Knopf für den Dauerbetrieb sollte eingerastet bleiben. Nun spannen Sie Ihren Holzstab in das Bohrfutter der Maschine. Das Ende mit dem Haken zeigt dabei zu Ihnen.

(03) Spinnen Sie die ersten 25 cm Ihres Zeitungsgarns mit den Händen, wickeln Sie den Faden im Uhrzeigersinn um den Holzstab, und fädeln Sie ihn durch den Haken. Das Garnende wie beim Spinnen mit der Handspindel waagerecht straffhalten und die Bohrmaschine mit der Fernbedienung einschalten.

Wichtig: Stecken Sie die Fernbedienung in Ihre Hosentasche, sie muss ab jetzt immer «am Mann» bzw. «an der Frau» sein.

Während die Maschine den Stab dreht, spinnen Sie mit beiden Händen das Garn. Ich spinne den Faden mit rechts, deshalb ist meine rechte Hand vorne, also näher an der Bohrmaschine. Meine linke Hand ist etwa 30 cm von der Bohrmaschine entfernt und hält den Zeitungsstreifen straff. Entfernen Sie sich nun rückwärts in kleinen Schritten immer weiter von der Bohrmaschine. Achten Sie auch hier unbedingt darauf, dass der Drall nur bis zu ihren Fingerspitzen reicht, damit sich der restliche Papierstreifen nicht verdreht und verheddert. Außerdem dürfen Sie den Faden nie loslassen, sonst gibt es ein heilloses Durcheinander. Wenn Sie ein bis zwei Meter vor der Zimmerwand oder einem anderen Hindernis (zum Beispiel einem Möbelstück) angekommen sind, nehmen Sie die Fernbedienung aus der Hosentasche, und drücken Sie OFF. Sollte das Garn zu viel Drall haben, arbeiten Sie ihn ohne Maschine heraus. Legen Sie das fertige Garn auf den Boden, lösen Sie den Faden aus dem Haken des Holzstabs, und halten Sie ihn im 90-Grad-Winkel zur Spindel fest. Die Bohrmaschine mit der Fernbedienung wieder einschalten und das Garn über die gesamte Stablänge aufwickeln. Hierfür müssen Sie es im 45-Grad-Winkel hin- und herbewegen. Mit zunehmender Übung können Sie die Drehzahl der Bohrmaschine erhöhen.

(04) Zum Schluss den Stab aus dem Bohrfutter nehmen und das Garn von der Spindel auf einen dünneren Stab schieben oder direkt von der Spindel verarbeiten.

TEXTILE TECHNIKEN – WAS MIT ZEITUNGSGARN MÖGLICH IST

Zeitungsgarn eignet sich wunderbar als dekoratives und nachhaltiges Deko- oder Geschenkband, doch Sie können es mit ein wenig Übung auch für alle Kreativtechniken einsetzen, für die Textilgarne geeignet sind. Das einzigartige Design des Materials macht aus jedem Stück einen Hingucker. Da Zeitungsgarn aber deutlich störrischer als Wolle oder Baumwolle ist, sind nicht alle textilen Techniken gleich gut umsetzbar. Darum stelle ich Ihnen hier nur diejenigen Methoden ausführlicher vor, die ich ohne Einschränkung empfehlen kann.

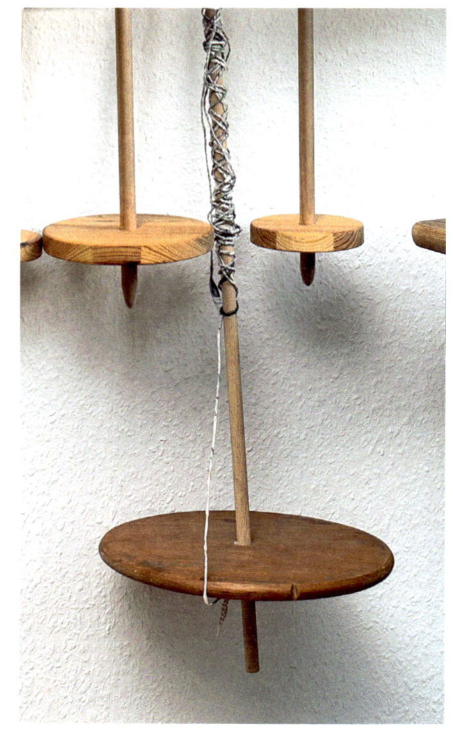

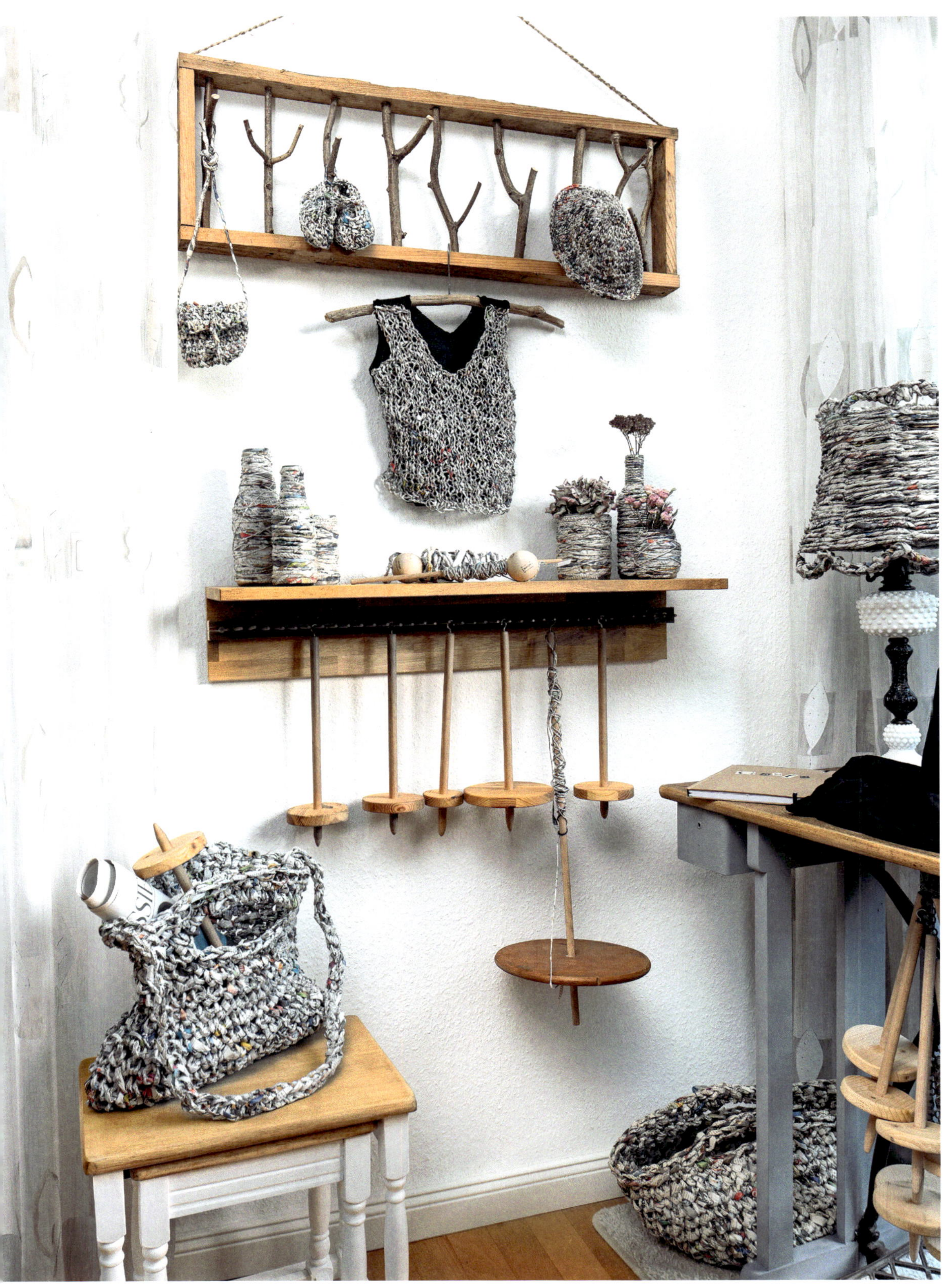

HÄKELN

Haben Sie im Textilunterricht auch Topflappen häkeln müssen, oder gehören Sie schon zu einer Generation, der diese Erfahrung erspart geblieben ist? Ich hatte immer eine Vorliebe fürs Stricken, habe mich aber für meine Zeitungsgarn-Projekte überwiegend aufs Häkeln verlegt – aus dem einfachen Grund, weil es leichter geht. Das Endergebnis ist ausgesprochen stabil. Außerdem lassen sich so auch sehr hübsche Lochmuster arbeiten.

Wer noch nie oder nur selten gehäkelt hat, sollte die Technik zunächst mit Baumwollgarn oder glatter Wolle einüben. Im Internet gibt es zahlreiche Videos mit detaillierten Anleitungen, die sehr hilfreich sein können. Anschließend können Sie sich stressfrei auf Ihre ersten Häkelprojekte aus Zeitungsgarn stürzen. Im Praxisteil dieses Buches finden Sie viele Anleitungen in allen Schwierigkeitsgraden und für alle Garnstärken.

Es ist wichtig, dass Sie am Anfang möglichst locker häkeln und eine Häkelnadel der Stärke 6 oder größer verwenden. Schon die Luftmaschen (1. Reihe) sollten etwas lockerer als gewohnt ausfallen – Sie müssen in der Folgereihe ja ein- oder sogar mehrmals in die Maschen einstechen. Auch für alle anderen Maschenarten wie feste Maschen und Stäbchen gilt diese Empfehlung. Lassen Sie sich nicht entmutigen, wenn Ihnen das Häkeln am Anfang noch nicht so leicht von der Hand geht. Schon nach kurzer Zeit werden Sie den Bogen raushaben und mit zunehmender Übung automatisch fester häkeln können.

Sollte der Faden beim Häkeln reißen, können Sie die Enden wie beim Spinnen (siehe S. 26–27) verbinden: einfach die letzten 2–3 Maschen vorsichtig aufziehen, die ersten 2 cm an beiden Enden des gerissenen Fadens aufdrehen, zusammenkleben und die neue Verbindung wieder verdrehen. Um Garn von einem neuen Knäuel anzusetzen, verfahren Sie genauso. Das hat den schönen Nebeneffekt, dass Sie sich das lästige Vernähen bzw. Einweben von Fäden ersparen.

Das Zu- und Abnehmen von Maschen ist gewöhnungsbedürftig. Müssen Sie eine Masche für die Zunahme verdoppeln oder sogar drei- oder viermal in dieselbe Masche einstechen, arbeiten Sie vorsichtig und mit Gefühl. Greifen Sie mit der Häkelnadel nur den Arbeitsfaden, ohne die anderen Maschen zu verletzen. Für Abnahmen müssen Sie nicht unbedingt mehrere Maschen zusammenhäkeln, sondern können die erste Masche einfach überspringen. Dieser kleine Trick fällt bei Zeitungsgarn im Gegensatz zu glattem Textilgarn überhaupt nicht auf.

Lose Fadenenden lassen sich mit einer dünnen Häkelnadel einweben, die Nadelstärke wird bei den Projekten jeweils angegeben. Dazu ziehen Sie den Faden zur Unter- bzw. Innenseite Ihres Werkstücks und fädeln ihn vorsichtig von links durch einige Maschen. Den überstehenden Fadenrest abschneiden. Das Fadenende am Anfang des Werkstücks können Sie bereits in der ersten Häkelrunde oder -reihe mit einhäkeln.

Maschenarten, die Sie für die Projekte in diesem Buch beherrschen sollten:

- **Luftmasche (LM)**
- **Feste Masche (fM)**
- **Kettmasche (KM)**
- **Stäbchen (Stb)**
- **Halbes Stäbchen (hStb)**
- **Doppelstäbchen (DStb)**

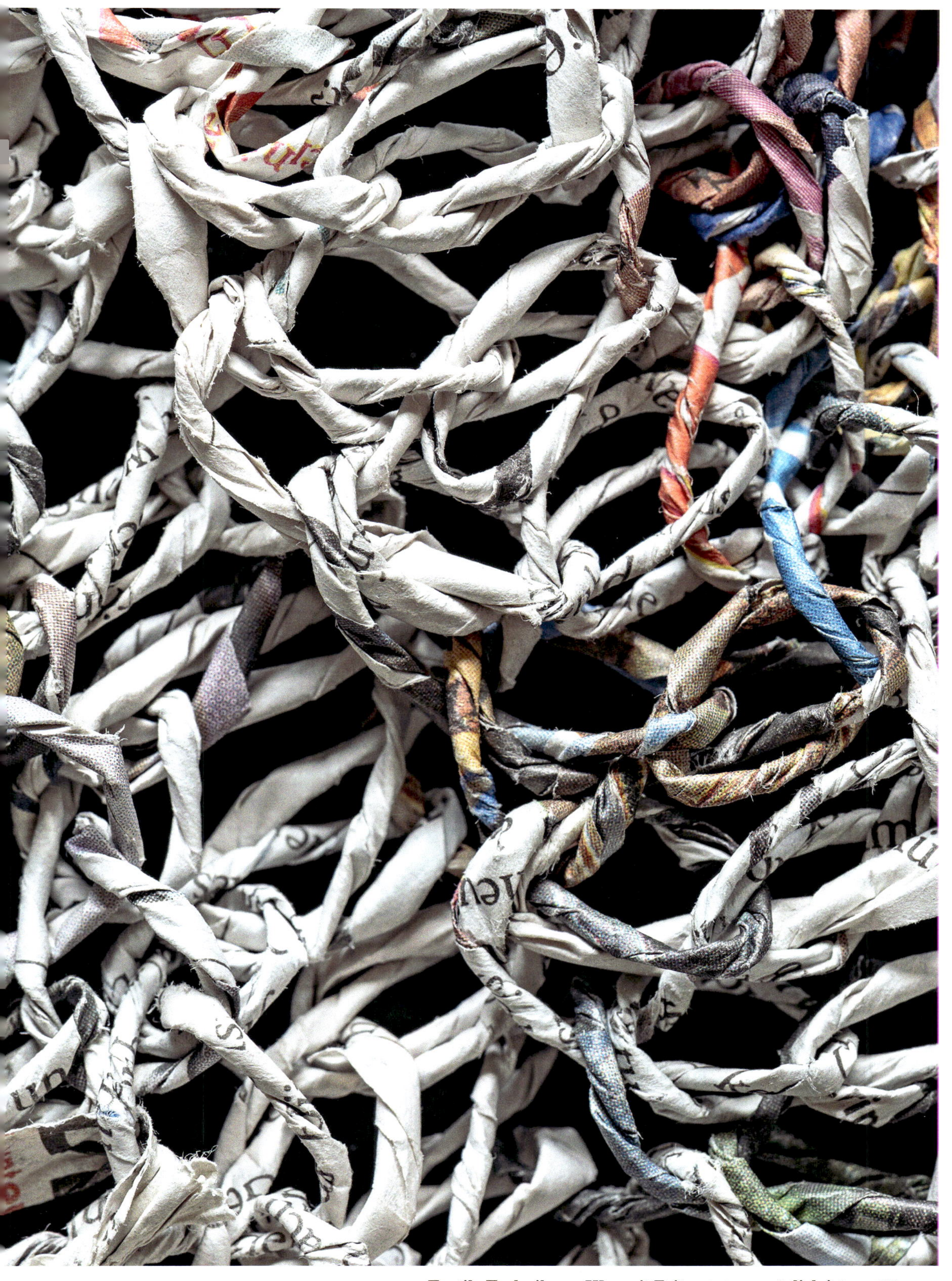

STRICKEN

Wenn Sie zum ersten Mal mit Zeitungsgarn stricken, wird Sie dessen mangelnde Elastizität wahrscheinlich irritieren. Es lässt sich nicht so leicht von der Nadel stricken wie Wolle, obwohl es sehr flexibel ist. Stricken Sie sehr locker, und helfen Sie zu Anfang ein wenig mit den Fingern nach. Auch ohne anspruchsvolles Strickmuster erhalten Sie ein attraktives Maschenbild, und der Materialverbrauch ist wesentlich geringer als beim Häkeln. Ein besonders luftiges Ergebnis erzielen Sie, wenn Sie sehr dicke Stricknadeln, beispielsweise in Stärke 15 oder 20, verwenden. Ich empfehle Ihnen, sich für den Anfang auf folgende Grundmuster zu beschränken:

- kraus rechts: alle Hin- und Rückreihen werden rechts gestrickt
- glatt rechts: alle Hinreihen werden rechts, alle Rückreihen links gestrickt

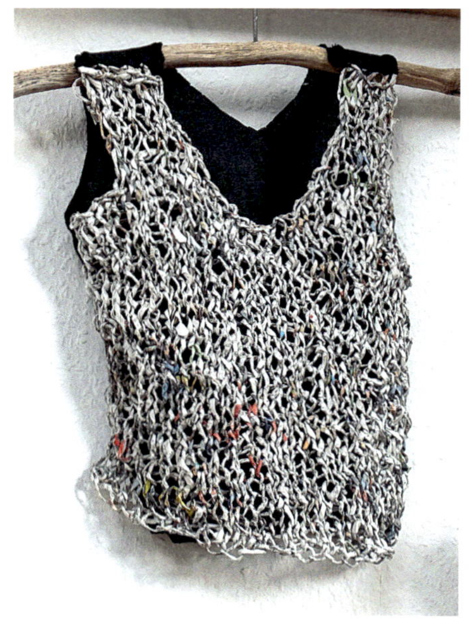

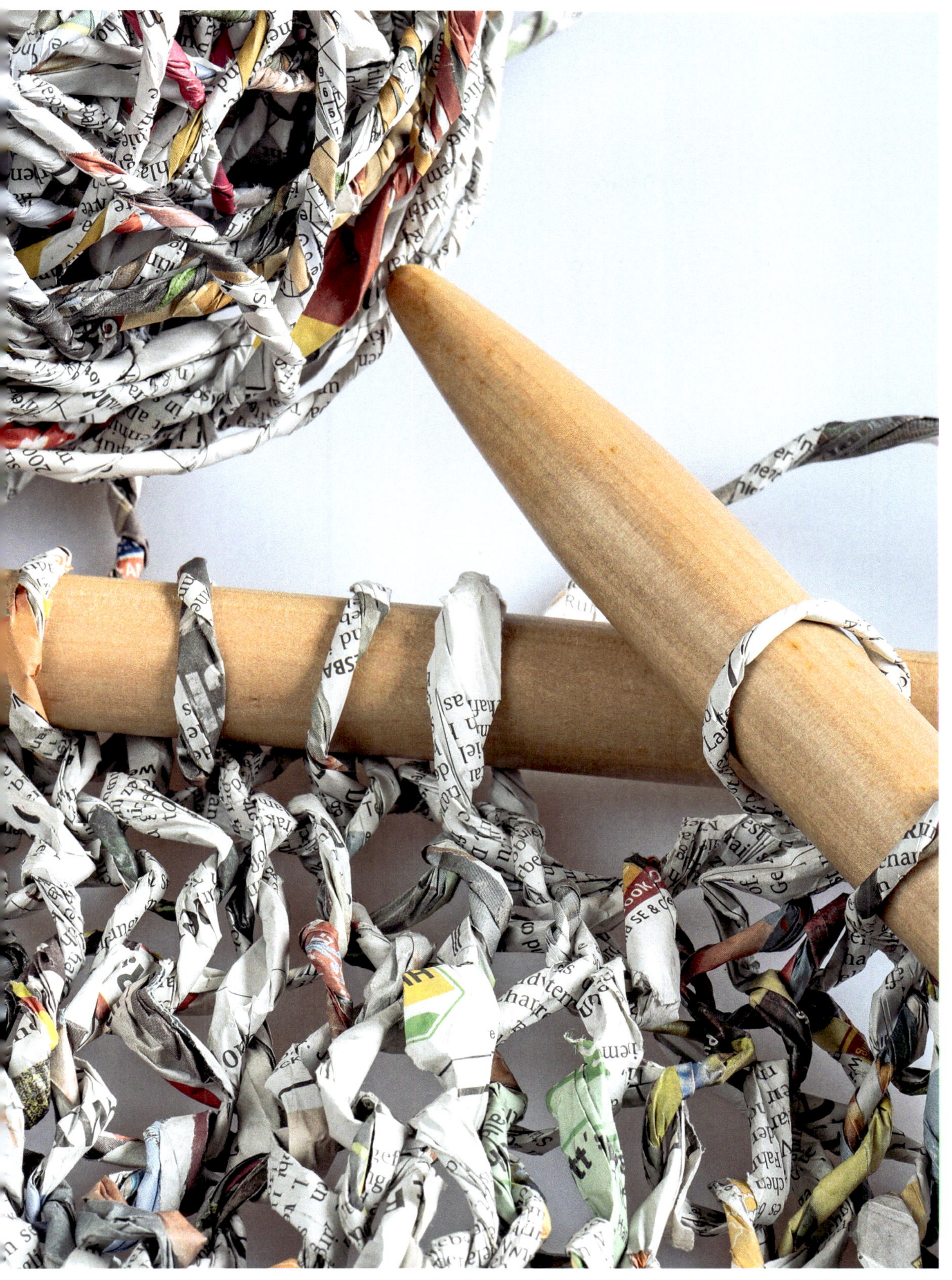

WEITERE TECHNIKEN

Eine besonders schnelle und einfache Methode, die sich auch gut mit Kindern umsetzen lässt, ist das Umwickeln leerer Flaschen, Gläser oder Konservendosen mit Zeitungsgarn. Als Klebstoff können Sie Kleister, Bastelleim oder Heißkleber (Heißklebepistole) verwenden. Einen besonders lebhaften und plastischen Effekt erzielen Sie, wenn Sie verschiedene Garnstärken miteinander kombinieren. Zum Fixieren der Oberfläche das Zeitungsgarn nach dem Trocknen am besten mit einer Schicht klarem Acryllack einpinseln oder mit Sprühlack einsprühen. Einige Beispiele für diese Technik sind im Projektteil abgebildet.

Der Vollständigkeit halber: Auch Weben, Flechten, Knüpfen (Makramee) und die Anfertigung von Fadenbildern ist mit Zeitungsgarn möglich. Da das Material, abgesehen von der Arbeitszeit, die in die Herstellung des Garns fließt, keine Kosten verursacht, können Sie nach Herzenslust damit herumspielen und -experimentieren. Probieren Sie aus, was immer Ihnen in den Sinn kommt, und lassen Sie mich, wenn Sie mögen, an Ihren Erfahrungen teilhaben.

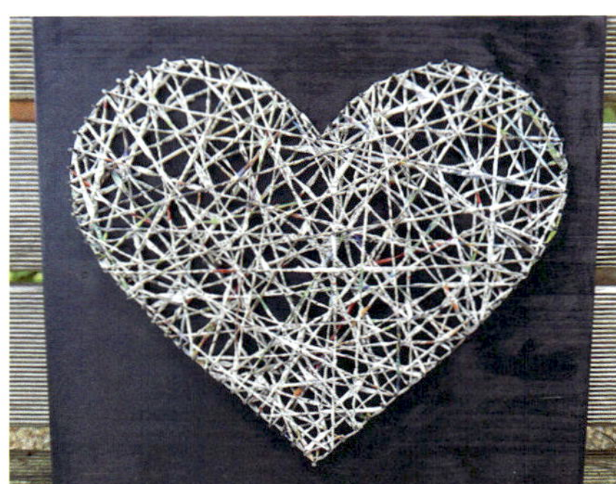

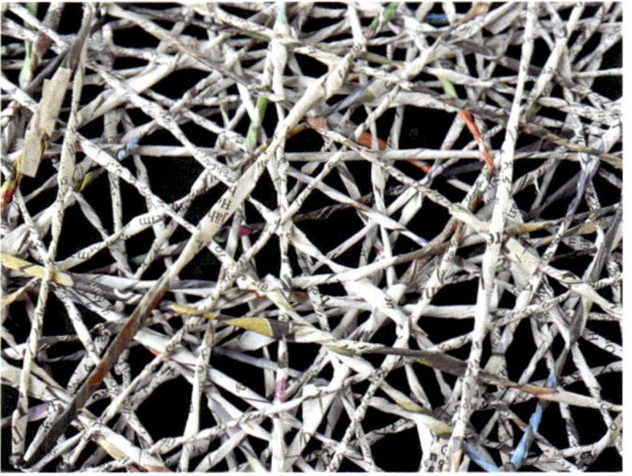

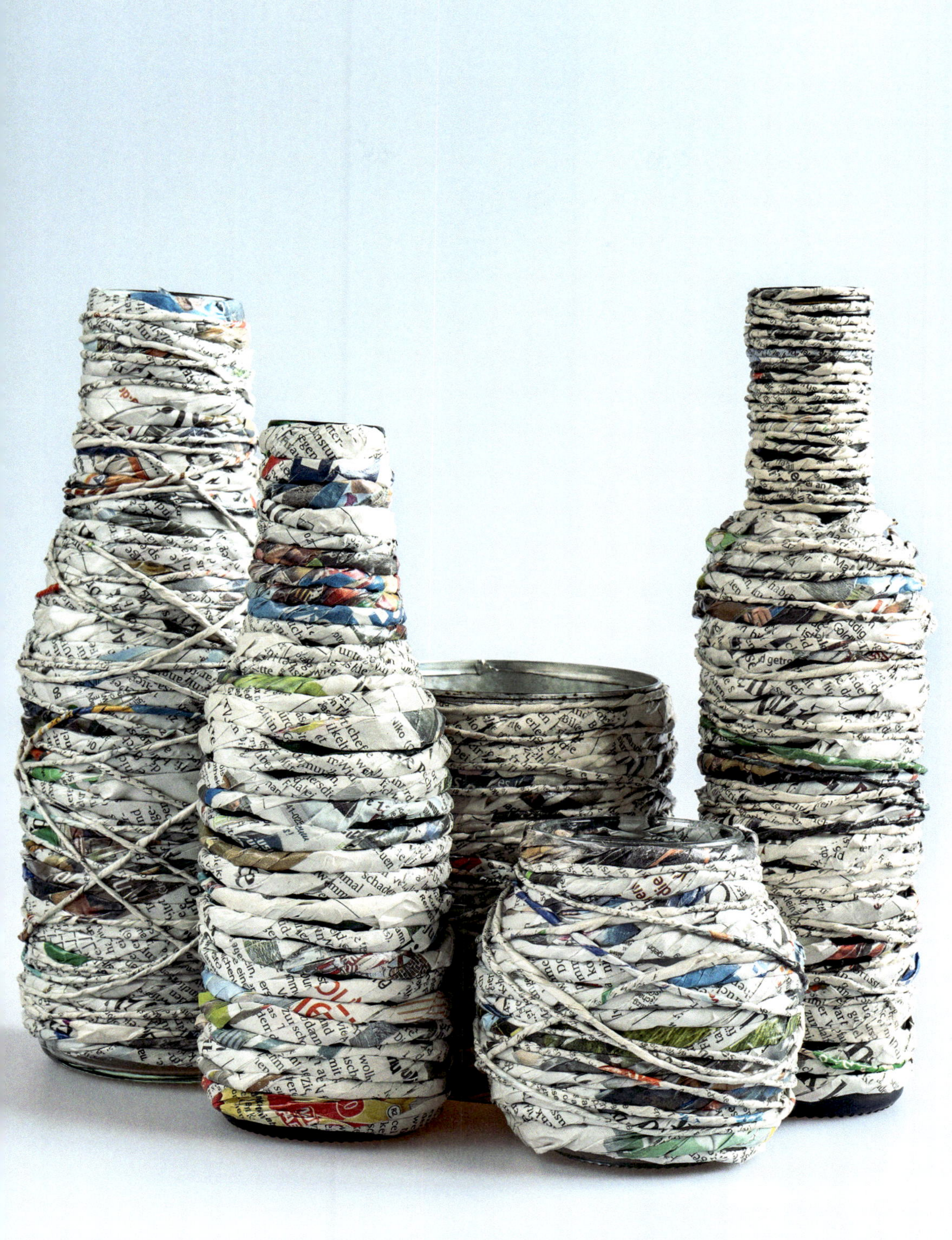

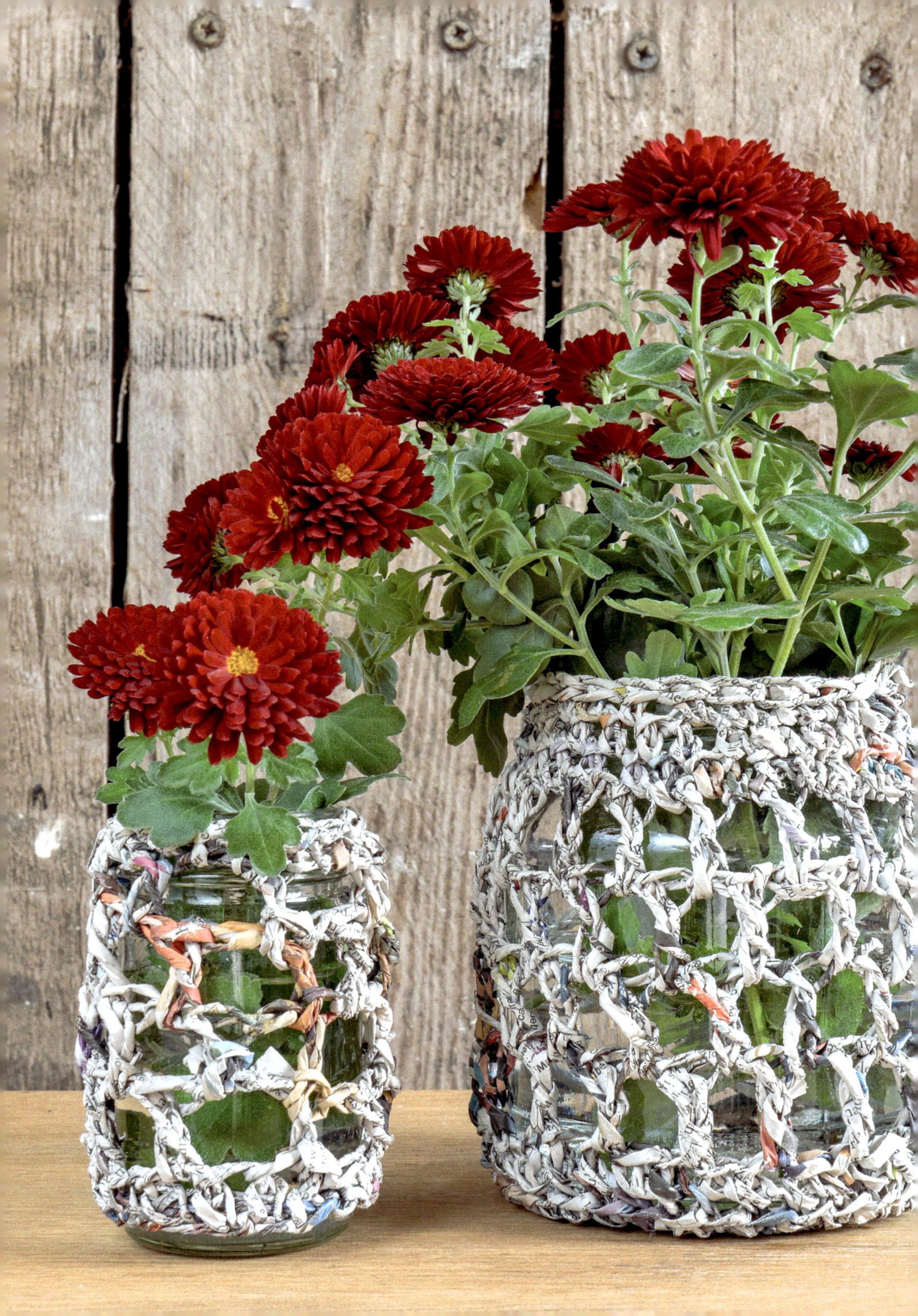

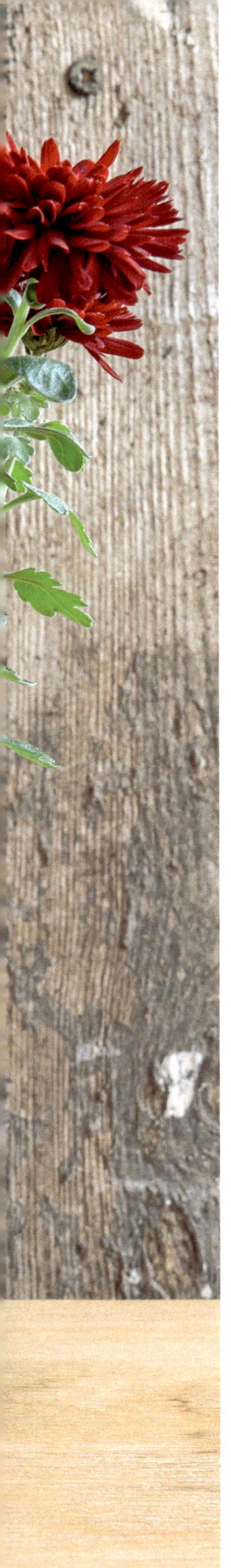

AUS ZEI TU NGS GA RN

AUS TEXT WIRD FORM

PROBELÄPPCHEN ALIAS QUADRATISCHER BIERDECKEL (9 X 9 CM)

Ich lege Ihnen sehr ans Herz, als Erstes dieses quadratische Probeläppchen zu häkeln, um sich an die Arbeit mit dem ungewohnten Material zu gewöhnen. Biertrinker haben wahrscheinlich eine praktische Verwendung für das Läppchen. Bitte denken Sie daran, etwas lockerer zu häkeln, als Sie es von Textilgarnen gewohnt sind.

- **10 g Zeitungsgarn**
- **Häkelnadeln in Stärke 6 und 4**
- **Klebestift**
- **Schere**

10 LM und 1 Wendeluftmasche häkeln **(01)**. Die Luftmaschenkette wenden und 10 fM **(02)** sowie eine Wendeluftmasche häkeln. Auf diese Weise weiterhäkeln **(03–06)**, bis ein Quadrat entstanden ist (insgesamt ca. 9 Reihen). Den Faden durch die Schlaufe ziehen, abschneiden, das Ende mit der dünnen Häkelnadel auf der Unterseite des Läppchens einweben und das Quadrat in Form ziehen.

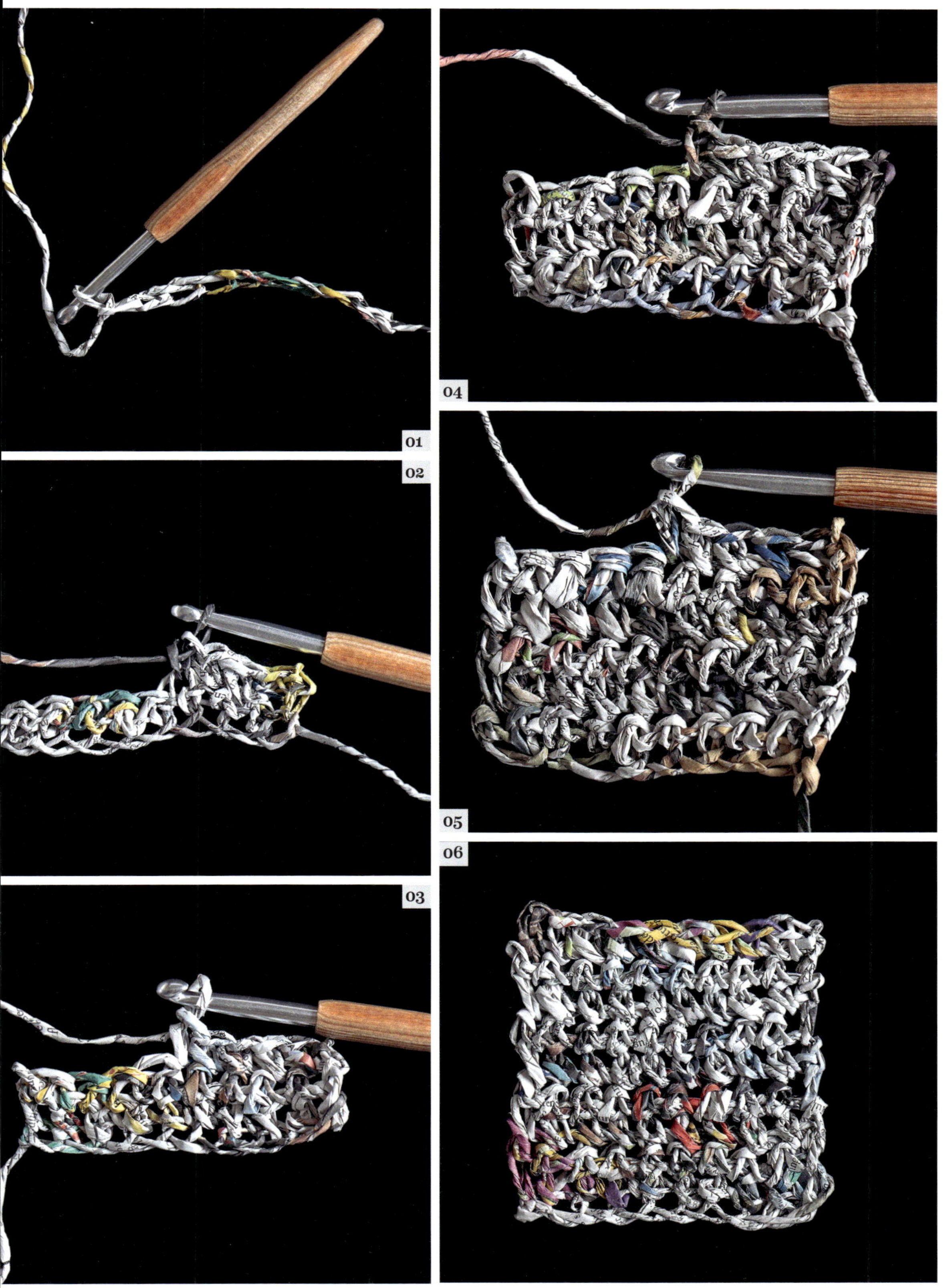
01
02
03
04
05
06

KREISRUNDER UNTERSETZER (Ø: 9 CM)

Sehr viele Häkelarbeiten, nicht nur in diesem Buch, beginnen mit einem Fadenring. Dieser sogenannte magische Ring wird normalerweise nach der ersten Runde zugezogen, um das Loch in der Mitte komplett zu schließen. Da das unser Zeitungsfaden aber nicht mitmacht, ohne zu reißen, zeige ich Ihnen hier eine einfachere Variante, auf die Sie für alle Projekte mit Fadenring zurückgreifen können.

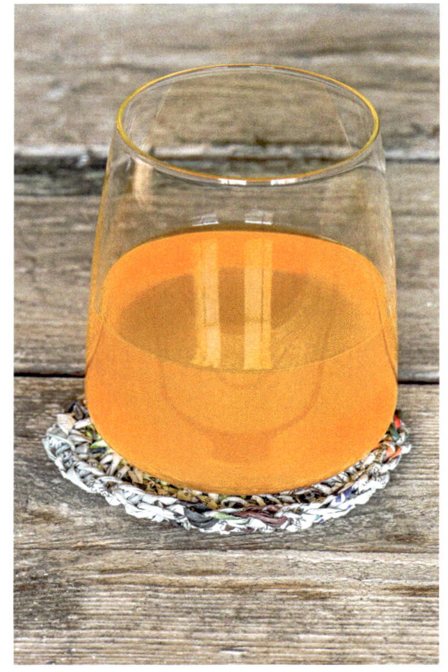

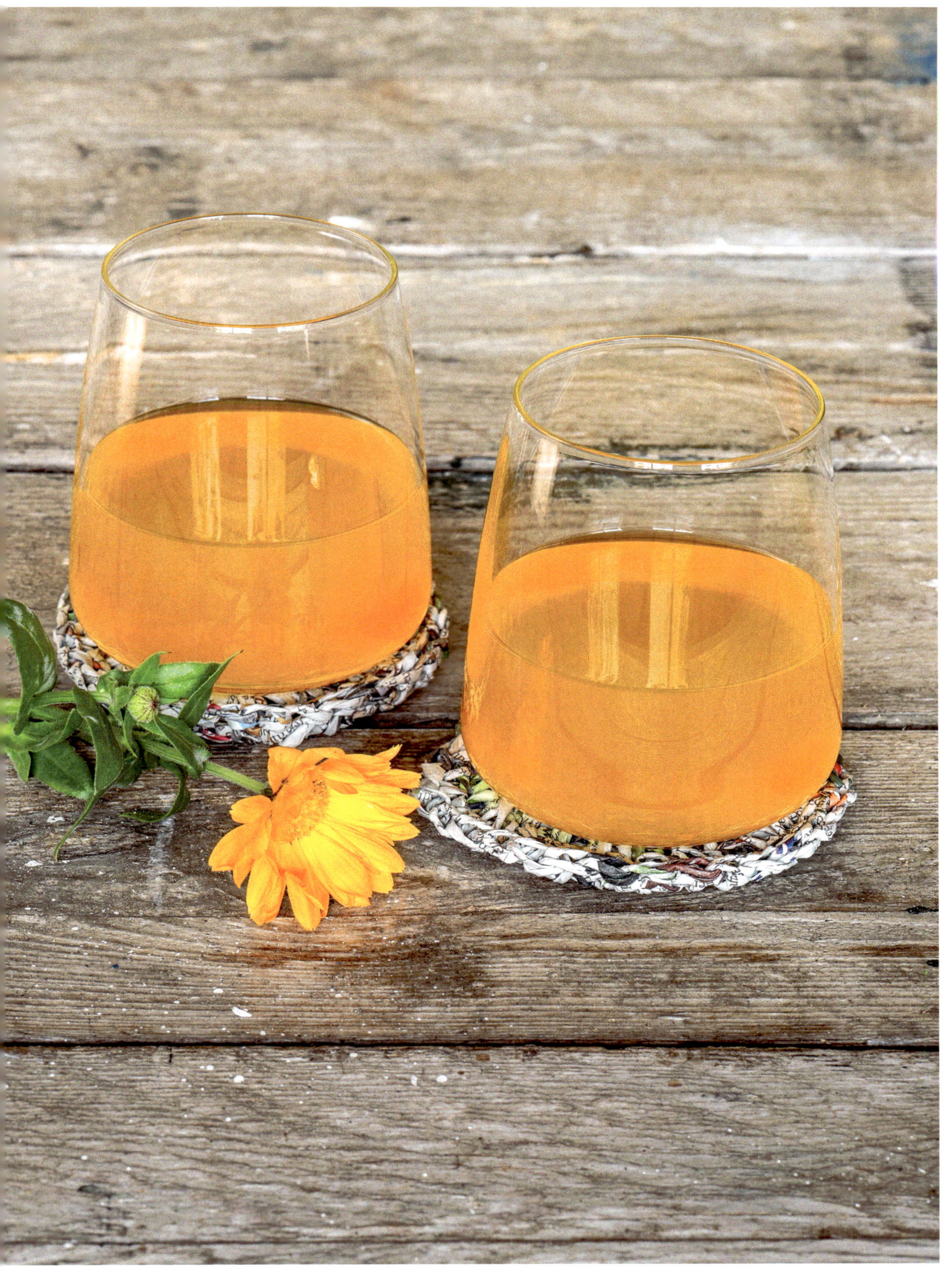

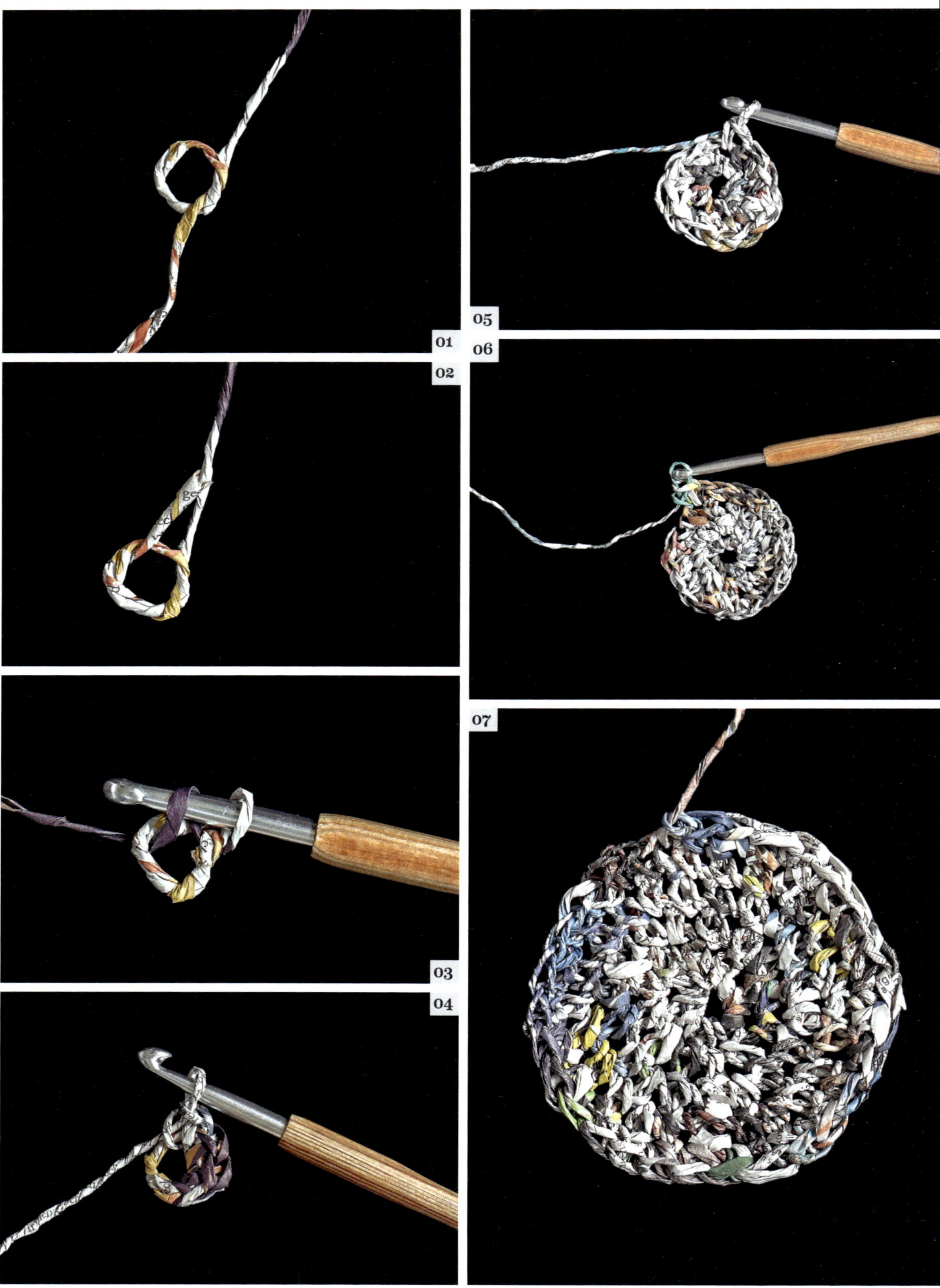
01
02
03
04
05
06
07

EINFACHER FADENRING

Schritt 1:

Schlingen Sie das Garn zu einer einfachen Schlaufe **(01)** und wickeln Sie das Fadenende mehrmals um den entstandenen Ring **(02)**. Der Fadenring sollte so klein wie möglich, aber groß genug für die erforderliche Maschenzahl sein.

Schritt 2:

Für die erste Masche den Faden um die Häkelnadel schlagen, von vorne durch das Loch stechen und den Faden nach vorne holen **(03)**. Nun haben Sie 2 Schlingen auf der Nadel. Den Faden erneut um die Nadel schlagen und durch beide Schlaufen ziehen. Damit sich der Fadenring nicht löst, müssen Sie das Fadenende während der ersten Runde festhalten und mit einhäkeln **(04)**.

- **10 g Zeitungsgarn**
- **Häkelnadeln in Stärke 6 und 4**
- **Klebestift**
- **Schere**

Runde 1

Fadenring mit 6 fM, mit 1 KM zur Runde schließen **(05)**. Ab jetzt wird in Spiralen gehäkelt. Wenn Sie nicht mitzählen möchten, markieren Sie den Rundenanfang mit einem Wollfaden oder Maschenmarkierer.

Runde 2

Alle Maschen verdoppeln, also aus jeder Masche der Vorrunde je 2 fM herausḧakeln (= insgesamt 12 M) **(06)**.

Runde 3

Jede 2. Masche verdoppeln, also abwechselnd aus jeder zweiten Masche der Vorrunde 2 fM herausḧakeln: 1 fM + 2 fM (= insgesamt 18 M).

Runde 4

Jede 3. Masche verdoppeln, also: 1 fM + 1fM + 2fM (= insgesamt 24 M). Den Faden durch die Schlaufe ziehen, abschneiden, das Ende mit der dünnen Häkelnadel auf der Unterseite einweben und den Untersetzer in Form ziehen **(07)**.

Hinweis: Für größere runde Untersetzer wird nach demselben Prinzip weiter zugenommen, dadurch erhöht sich der Abstand zwischen den Verdoppelungen pro Runde um jeweils eine Masche.

FÜNF HÜBSCHE KLEINIGKEITEN

Kleine Motive wie Herzchen oder Sterne eignen sich wunderbar als nachhaltige Geschenkanhänger oder zur Tischdekoration und sind in Windeseile gehäkelt. Wählen Sie zum Spinnen des Garns – Sie brauchen nur wenige Meter – eine Zeitungsseite nach Ihrem Geschmack oder in der Lieblingsfarbe des/der zu Beschenkenden aus. Falls Sie das Accessoire in ein Lesezeichen verwandeln und mit einem schönen Buch verschenken möchten, häkeln Sie einfach eine lange Luftmaschenkette an. Oder Sie versiegeln es mit einem hautfreundlichen Klarlack und zaubern daraus einen witzigen Anhänger.

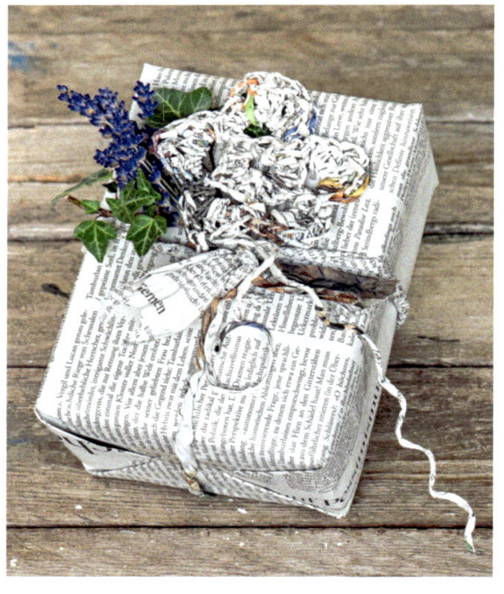

- **10 g Zeitungsgarn**
- **Häkelnadeln in Stärke 6 und 4**
- **Klebestift**
- **Schere**

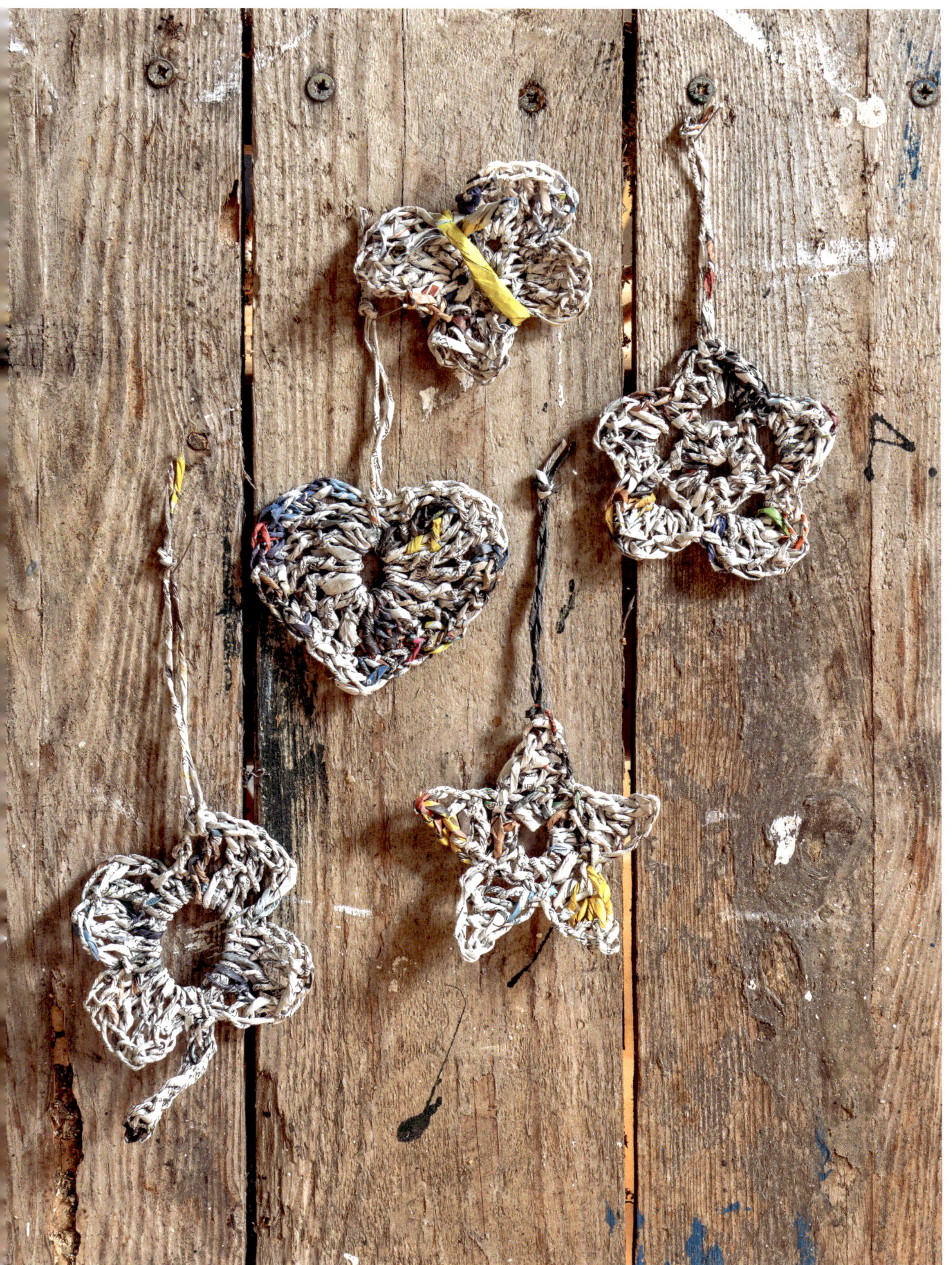

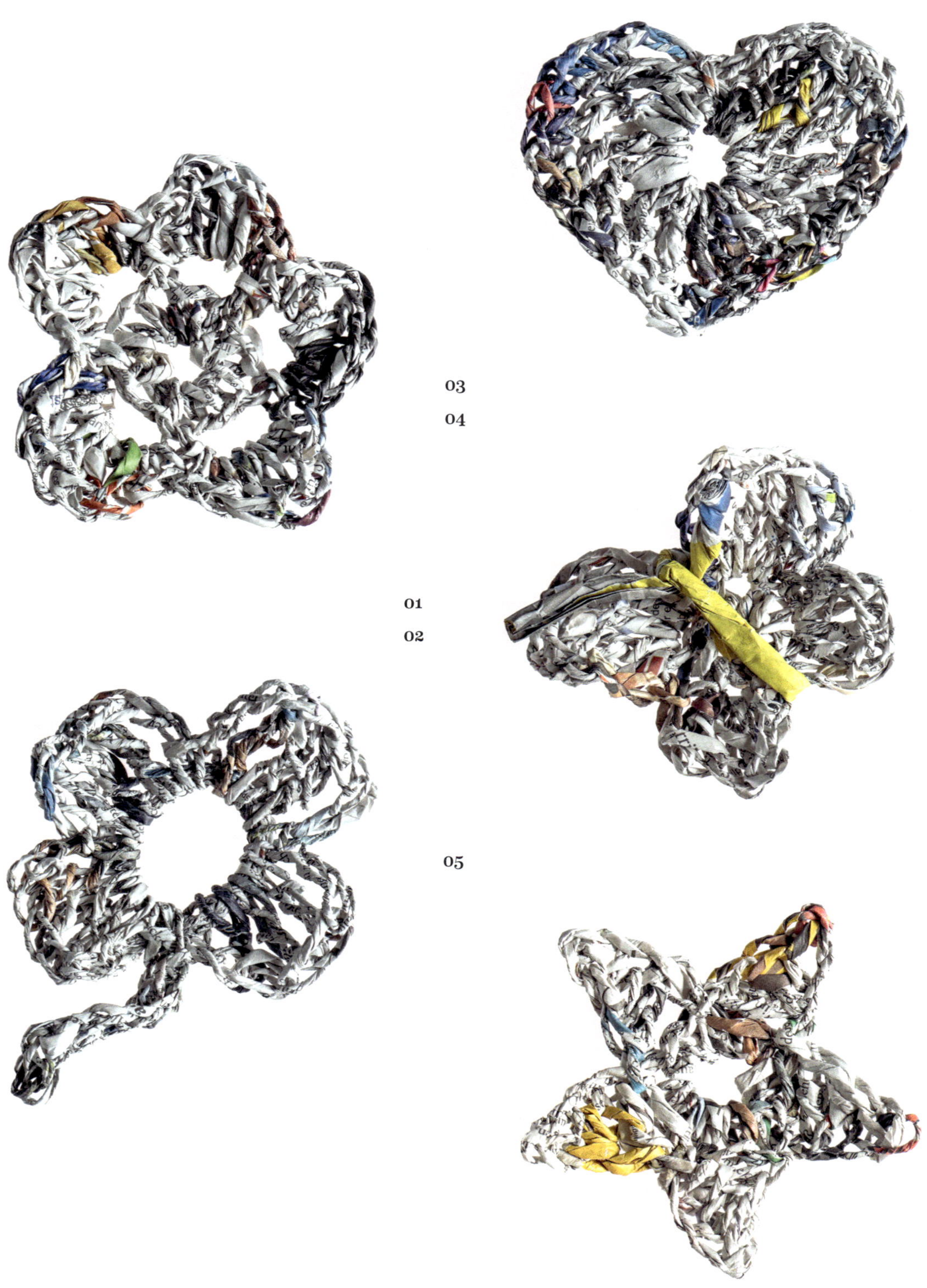
03
04
01
02
05

HÄKELBLÜMCHEN (01)

Runde 1
10 fM, mit 1 KM zur Runde schließen.

Runde 2
3 LM, 1 KM in die übernächste fM der Vorrunde häkeln (5 x wiederholen).

Runde 3
In jeden der 6 Bögen 1 fM, 1 hStb, 2 Stb, 1 hStb, 1 fM, 1 KM. Den Faden durch die Schlaufe ziehen, abschneiden, das Ende auf der Rückseite einweben und die Blütenblätter in Form ziehen.

GLÜCKSKLEE (02)

Runde 1
8 LM, mit 1 KM zur Runde schließen,1 LM.

Runde 2
3 LM, 3 DStb, 3 LM, 1 fM in den Ring häkeln (3 x wiederholen).

Stängel
8 LM, ab der 3. LM mit je 1 KM bis zum Blatt zurückhäkeln, 1 KM. Den Faden durch die Schlaufe ziehen, abschneiden, das Ende einweben und die Blätter in Form ziehen.

HERZ (03)

Runde 1
6 LM, mit 1 KM zur Runde schließen.

Runde 2
3 LM, alle weiteren M in die Ringöffnung häkeln: 4 DStb, 3 Stb, 1 DStb (für die Spitze), 3 Stb, 4 DStb, 3 LM, 1 KM

Runde 3
3 LM, jeweils 2 fM in jedes DStb der Vorrunde, je 1 fM in jedes Stb der Vorrunde, 1 fM, 1 LM, 1 fM in das einzelne DStb an der Spitze, je 1 fM in jedes Stb der Vorrunde, jeweils 2 fM in jedes DStb der Vorrunde, 3 LM, 1 KM. Den Faden durch die Schlaufe ziehen, abschneiden, das Ende einweben und das Herz in Form ziehen.

SCHMETTERLING (04)

Runde 1
7 fM, mit 1 KM zur Runde schließen.

Runde 2
3 LM, 4 DStb in erste fM, 3 LM, 1 KM in die nächste fM, 2 LM, 3 Stb in die nächste fM, 2 LM, 1 KM in die nächste fM, 2 LM, 3 Stb in die nächste fM, 3 LM, 4 DStb in die nächste fM, 3 LM, 1 KM in die letzte fM. Den Faden durch die Schlaufe ziehen, abschneiden und das Ende auf der Unterseite einweben, die Schmetterlingsflügel in Form ziehen.

Körper, Kopf & Fühler
Ein 25 cm langes Stück dicke Zeitungsschnur längs um den Schmetterling legen und oben auf der Vorderseite doppelt verknoten. Die Enden (Fühler) auf 2,5 cm kürzen.

STERNCHEN (05)

Runde 1
10 fM, mit 1 KM zur Runde schließen.

Runde 2
4 LM, 1 KM in die 2. LM, 1 hStb in die 3. LM, 1 Stb in die 4. LM, 1 KM in die übernächste fM (5 x wiederholen). Den Faden durch die Schlaufe ziehen, abschneiden und das Ende einweben. Den Stern in Form ziehen.

BECHER WÄRMER

Verbrennen Sie sich nie mehr die Finger an heißen Kaffeebechern oder Teegläsern! Eine Manschette aus Zeitungsgarn isoliert perfekt und hält auch Erfrischungsgetränke länger kalt.

· Zeitungsgarn (ca. 25 g, je nach Bechergröße)
· Kaffeebecher oder Teeglas ohne Henkel
· Häkelnadeln in Stärke 6 und 4
· Klebestift
· Schere

Häkeln Sie eine Luftmaschenkette, die genau um den Becher passt. Mit 1 KM zur Runde schließen. Die Kette sollte nicht zu locker sitzen, damit die Manschette später nicht rutscht.

Runde 1

In jede LM 1 fM, mit 1 KM zur Runde schließen.

Ab Runde 2

In Spiralen häkeln, sprich: in Runden durchgehend bis zur gewünschten Höhe, und zwar fM in einem einfachen Reliefmuster. Hierfür stets nur in das hintere Maschenglied einstechen. Wenn die gewünschte Höhe erreicht ist, den Faden durch die Schlaufe ziehen, abschneiden und das Ende auf der Innenseite einweben.

Die Arbeit umdrehen und die Luftmaschenkette, mit der Sie begonnen haben, mit einer Runde KM umhäkeln. So haben Sie am unteren Ende der Manschette einen schönen, stabilen Rand. Den Faden durch die Schlaufe ziehen, abschneiden und das Ende einweben. Die Manschette vorsichtig von unten über den Becher und in Form ziehen. Nun können Sie sich Ihre nächste Tasse Tee schmecken lassen.

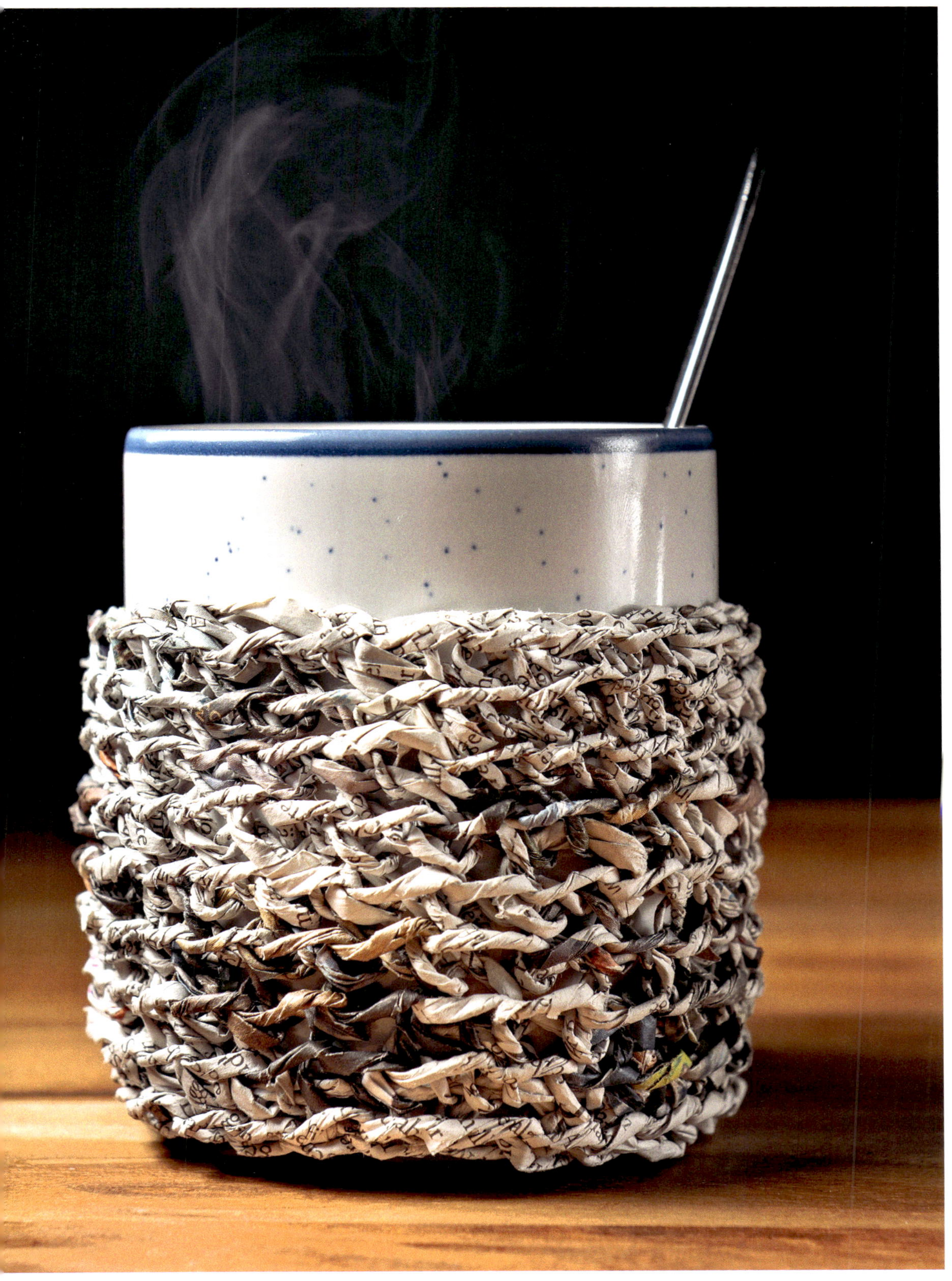

HANDYHÜLLE ODER BRILLENETUI

Mit diesem individuellen und langlebigen Accessoire, das Handy oder Brille gut schützt, werden Sie überall Aufmerksamkeit erregen. Aufgrund ihrer ungewöhnlichen Haptik hat die hübsche Hülle außerdem einen sehr angenehmen Nebeneffekt: Man muss nicht endlos in der vollen Handtasche herumwühlen, um sie zu finden, denn sie lässt sich ganz leicht ertasten.

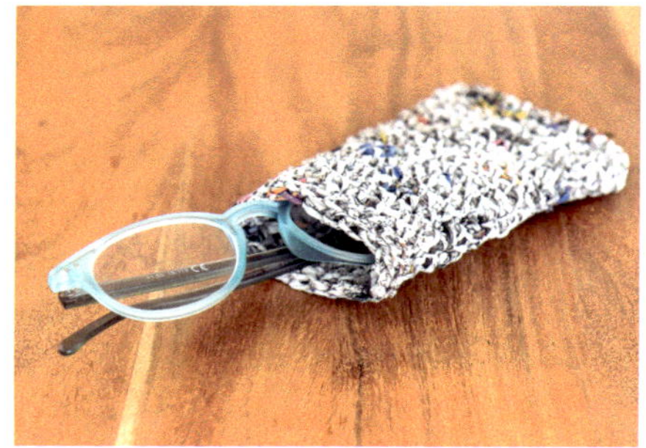

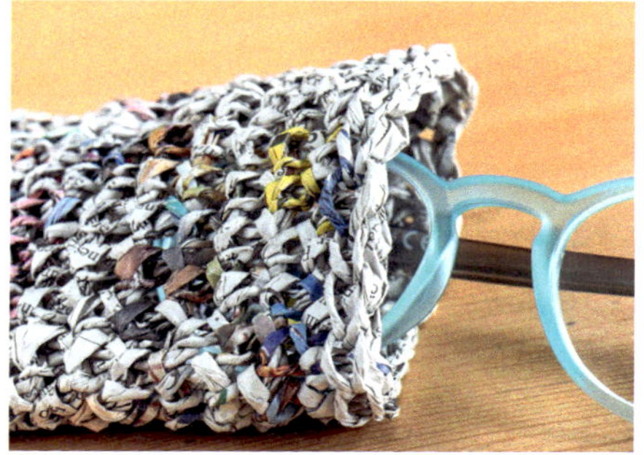

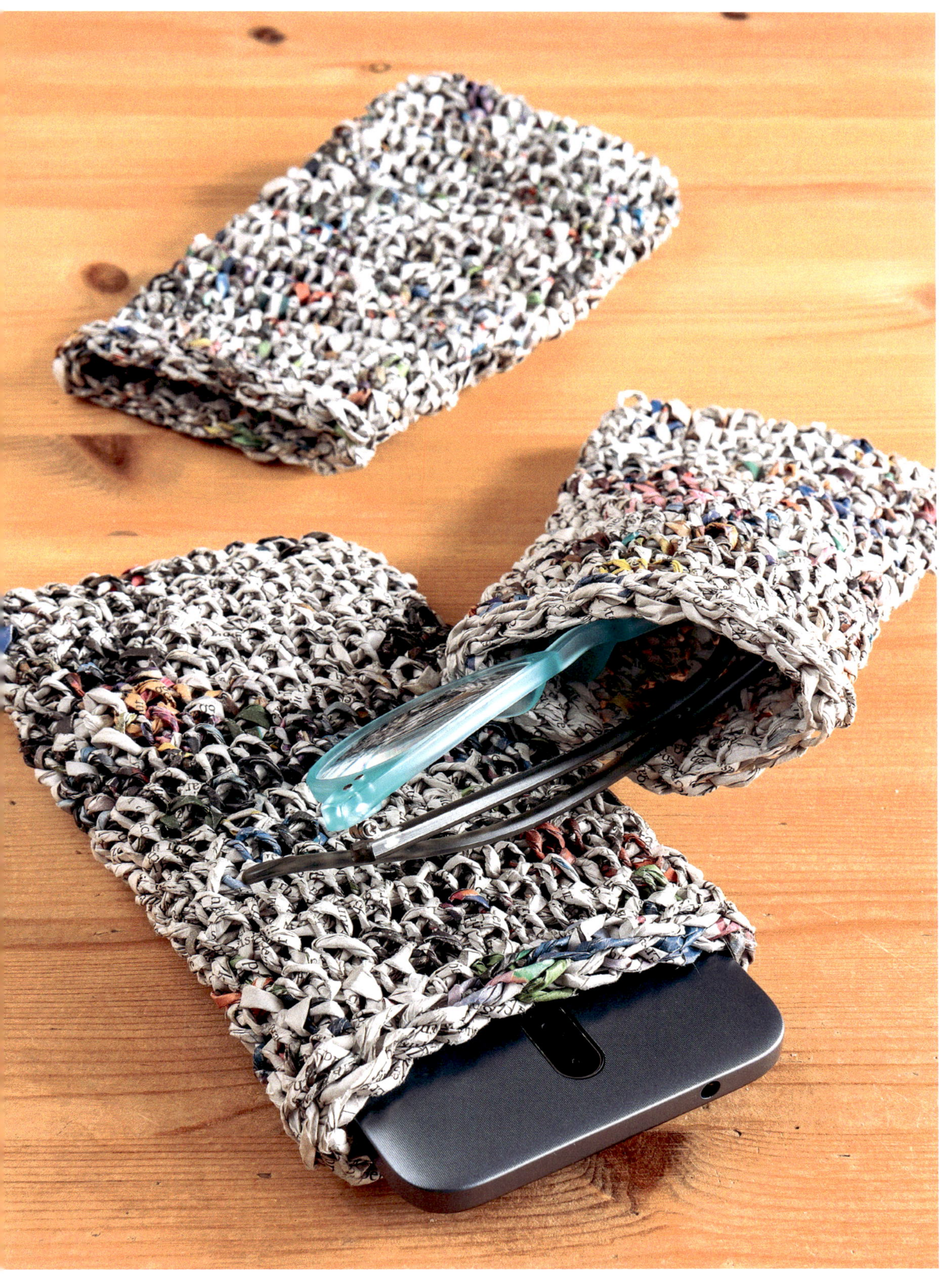

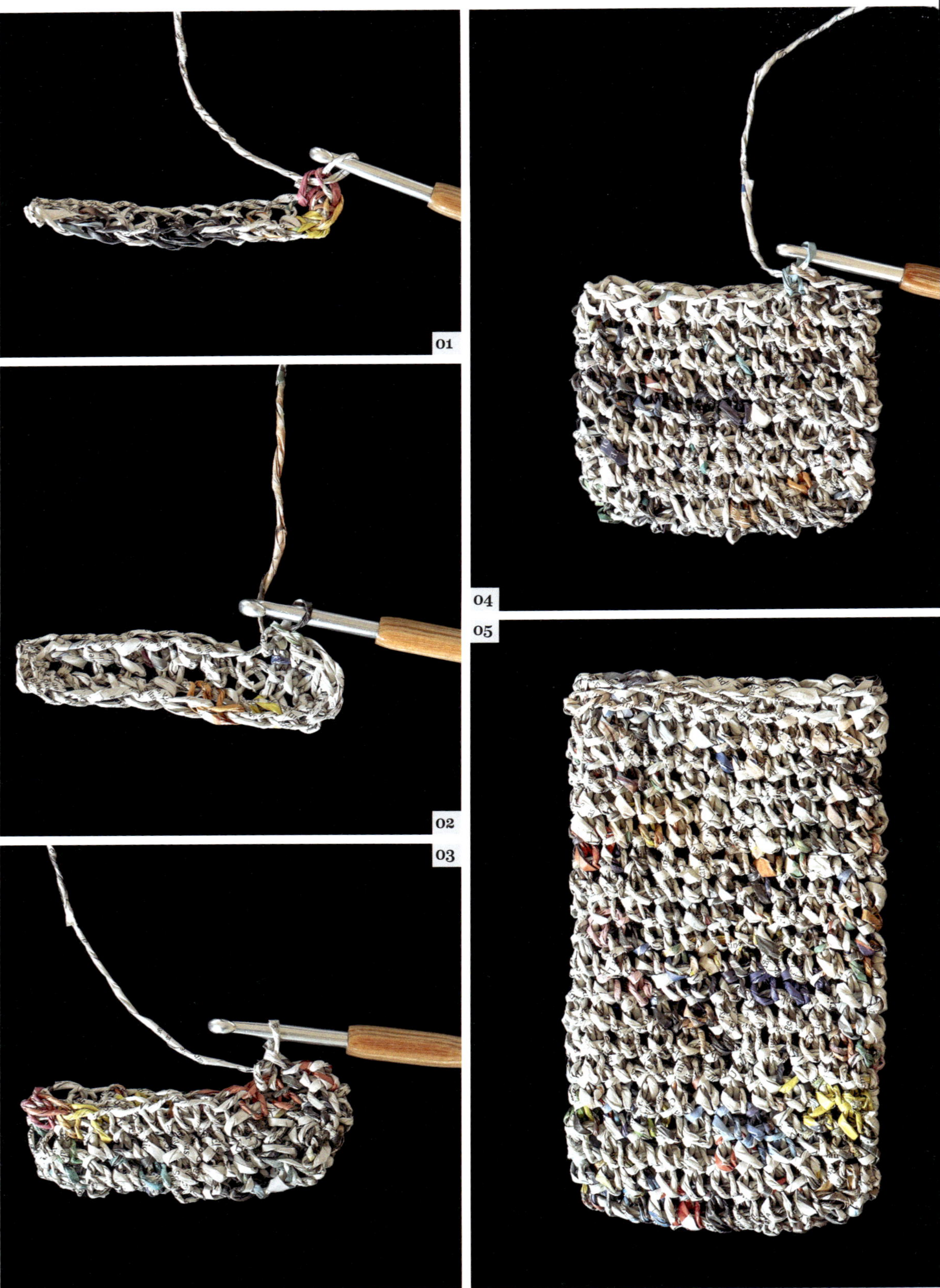
01
02
03
04
05

Häkeln Sie eine Luftmaschenkette, deren Länge der Breite des Handys entspricht (in diesem Beispiel 10 LM).

Runde 1

1 fM in jede LM, in die letzte LM 3 fM für die Seite, die Arbeit drehen **(01)** und an der Unterseite der Luftmaschenkette fM zurück bis zum Anfang häkeln. In die Anfangsmasche 2 zusätzliche fM für die andere Seite, mit 1 KM zur Runde schließen. Den Anfangsfaden in der ersten Runde mit einarbeiten.

Ab Runde 2

In Spiralen weiterhäkeln **(02–04)**, bis das Handy komplett in die Hülle passt. Nach den ersten paar Runden sollten Sie es zur «Anprobe» in den Taschenboden stecken, um die Passform zu überprüfen. Es sollte sich bequem hineinschieben lassen, doch die Hülle darf nicht zu locker sitzen, damit es später nicht herausrutscht. Ich finde es praktisch, wenn das Handy nicht ganz in der Hülle verschwindet, sondern etwa einen Zentimeter herausschaut, aber das ist selbstverständlich Geschmackssache.

Letzte Runde

Die Oberkante der Hülle mit einer Runde KM verstärken **(05)**. Das sieht nicht nur hübsch aus, sondern verleiht dem Rand auch größere Stabilität. Den Faden durch die Schlaufe ziehen, abschneiden und das Ende auf der Innenseite einweben.

· Ca. 40 g Zeitungsgarn (je nach Größe des Handys)
· Handy zur Überprüfung der Passform
· Häkelnadeln in Stärke 6 und 4
· Klebestift
· Schere

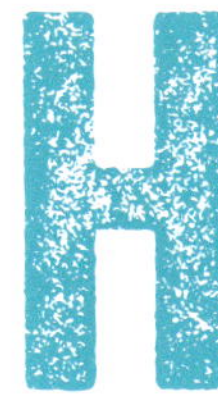

Meine erste Handyhülle hielt erstaunlicherweise länger als drei Jahre und dient noch immer als Vorführobjekt.

VASEN KLEID

Mit dieser luftigen Lochmusterhülle können Sie gebrauchte Glasgefäße verschönern – vom Becher bis zur Bodenvase. Wie hübsch die Blumenstängel zwischen den Lücken hindurch durchs Glas schimmern!

Tipp: Damit sehr schmale Gläser und Vasen einen sicheren Stand haben, lassen Sie den Boden des Vasenkleids einfach weg, und starten Sie mit einer passenden Luftmaschenkette. Anschließend fahren Sie mit Runde 5 fort.

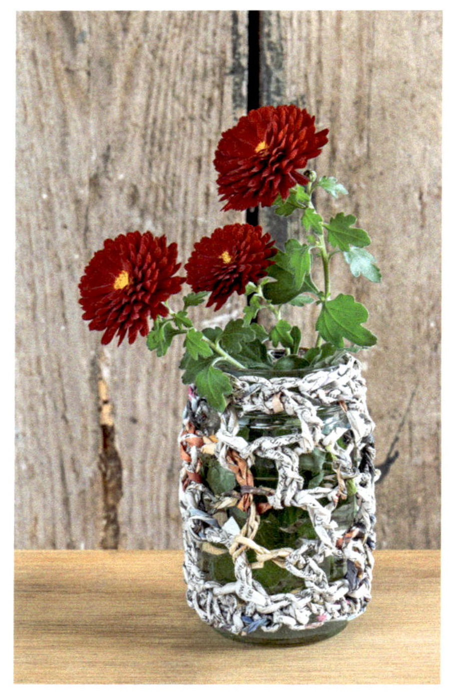

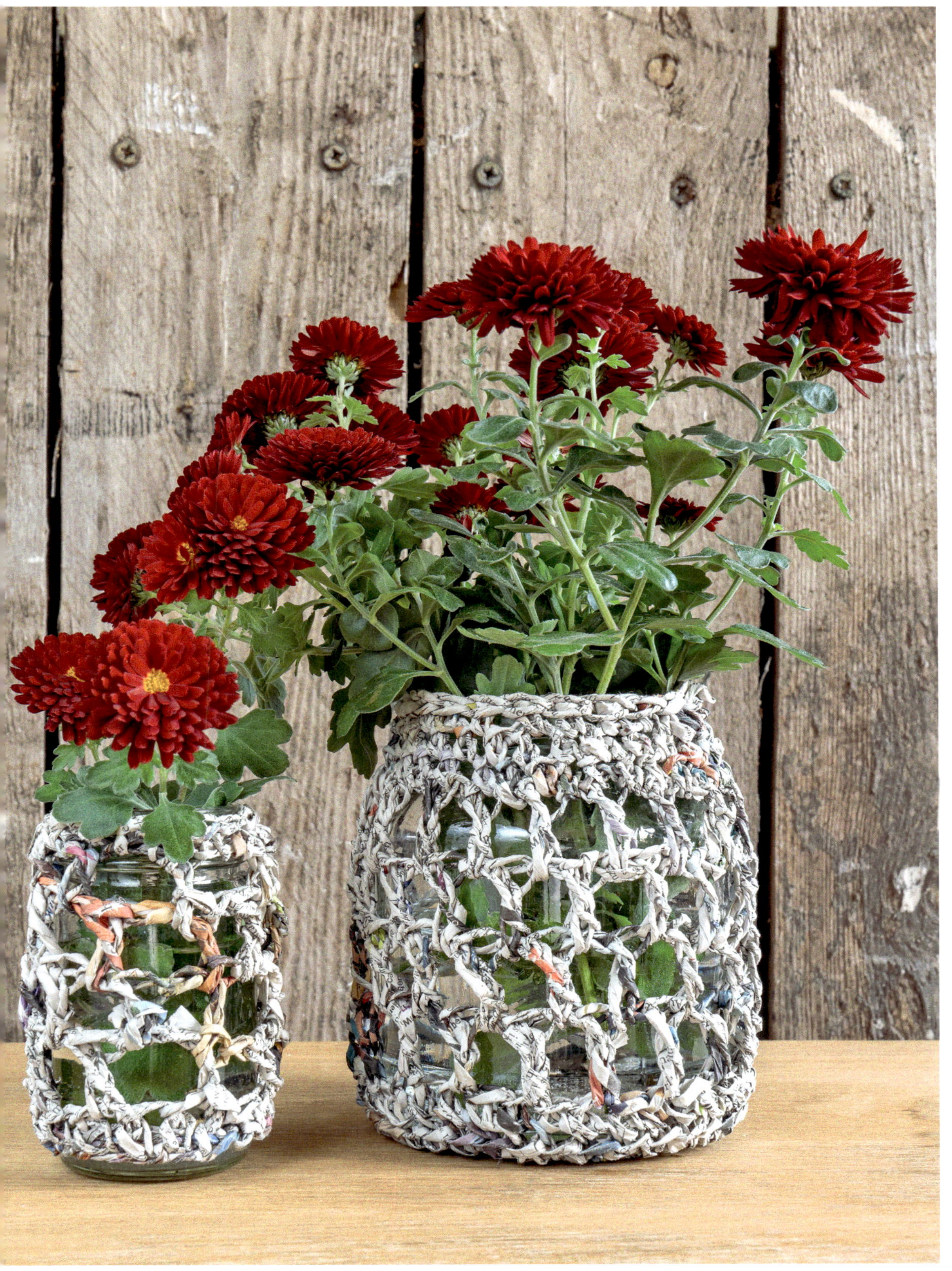

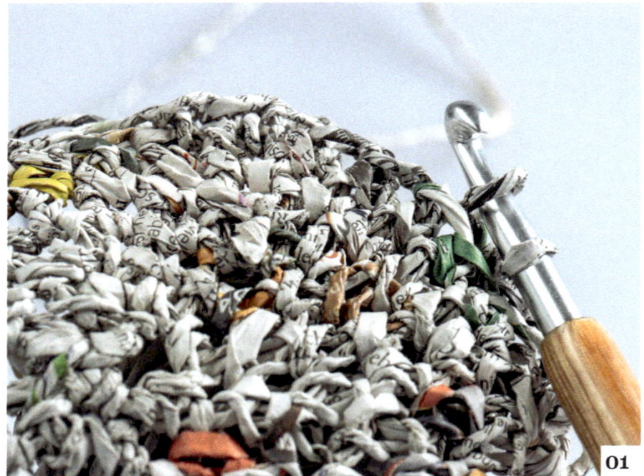

01

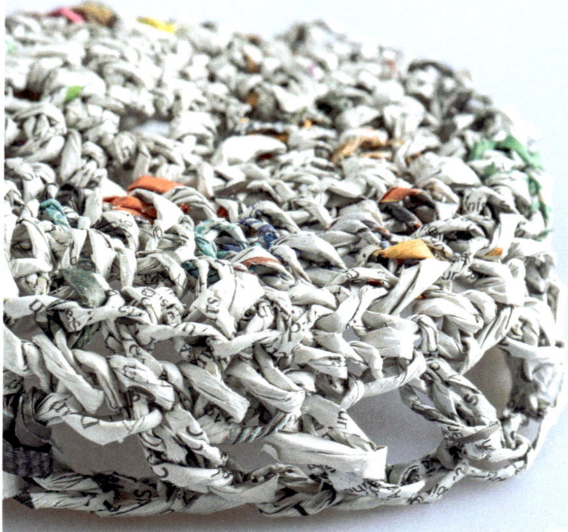

02

03

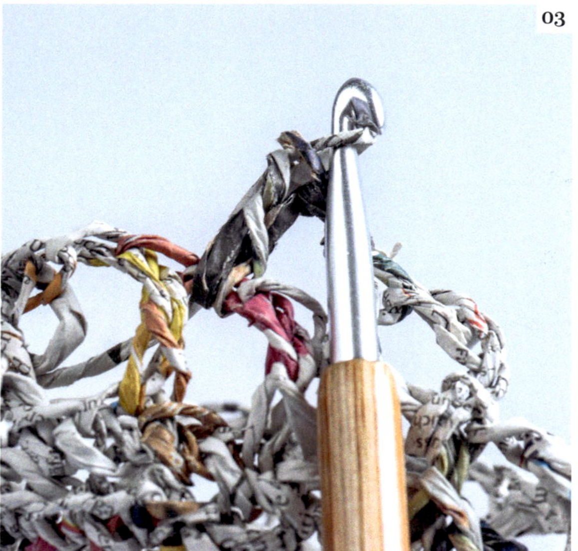

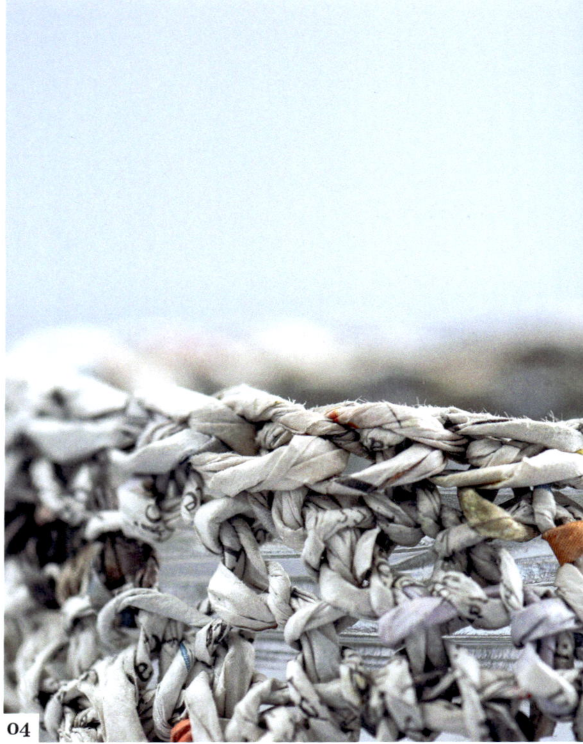

04

Das fertige Vasenkleid

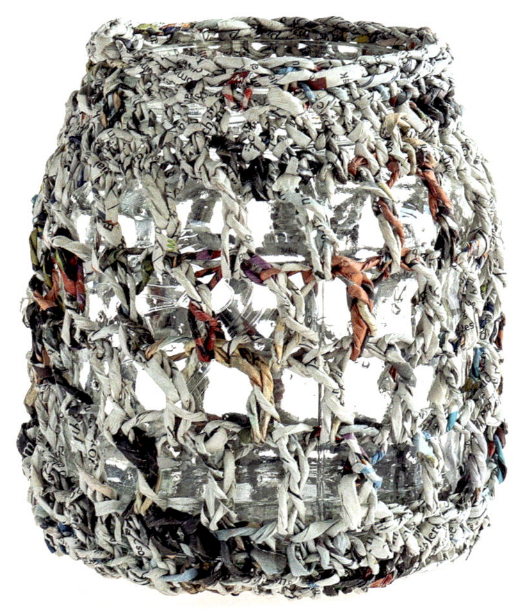

Runde 1
Fadenring (siehe S. 56–57) mit 6 fM, mit 1 KM schließen.

Runde 2
Alle M verdoppeln, also je 2 fM in jede fM der Vorrunde (= insgesamt 12 M).

Runde 3
Jede 2. M verdoppeln, also abwechselnd 1 x 1 fM und 1 x 2 fM (= insgesamt 18 M).

Runde 4
Jede 3. M verdoppeln, also abwechselnd 2 x 1 fM und 1 x 2 fM (= insgesamt 24 M).

Runde 5
fM, dabei nur in das hintere Maschenglied einstechen **(01)**.

Runde 6
3 LM, 1 Stb in die übernächste M, ab dann 1 LM und 1 Stb in die übernächste M bis zum Rundenende, mit 1 KM zur Runde schließen **(02)**.

Runde 7
3 LM, ab dann bis zum Rundenende 1 Stb mittig in das Loch der Vorrunde und 1 LM, mit 1 KM zur Runde schließen **(03)**.

Runde 8
3 LM, 1 Stb in das übernächste Loch der Vorrunde, ab dann bis zum Rundenende 1 LM und 1 Stb in das Loch der Vorrunde, mit 1 KM zur Runde schließen.

Runde 9
Jeweils 1 fM in jedes Stb und in jedes Loch der Vorrunde.

· Konservenglas ohne Deckel (ø: 10 cm, Höhe: 12 cm)
· 30 g Zeitungsgarn
· Häkelnadeln in Stärke 6 und 4
· Klebestift
· Schere

V

Runde 10 und 11
Die Hülle von unten über das Glas ziehen und den oberen Rand mit fM verstärken. Wenn das Glasgefäß sich oben etwas nach innen wölbt, müssen Sie den Faden etwas fester anziehen. Als Abschluss eine Runde KM häkeln **(04)**, den Faden durch die Schlaufe ziehen, abschneiden und das Ende auf der Innenseite einweben.

MÄUSE ZUM VERSCHENKEN

Geldgeschenke müssen nicht langweilig und einfallslos sein, denn wer freut sich nicht über ein paar Mäuse? Besonders Kindern und Jugendlichen gefällt es, wenn sie sich selbst aussuchen dürfen, was sie von dem Geld kaufen möchten. Wenn Sie einen Geschenkgutschein oder Konzerttickets liebevoll gestalten, machen Sie den Beschenkten eine doppelte Freude. Das niedliche Mäuschen hat nichts zu befürchten; es ist ausschließlich für die Bewachung des wertvollen Geschenks zuständig.

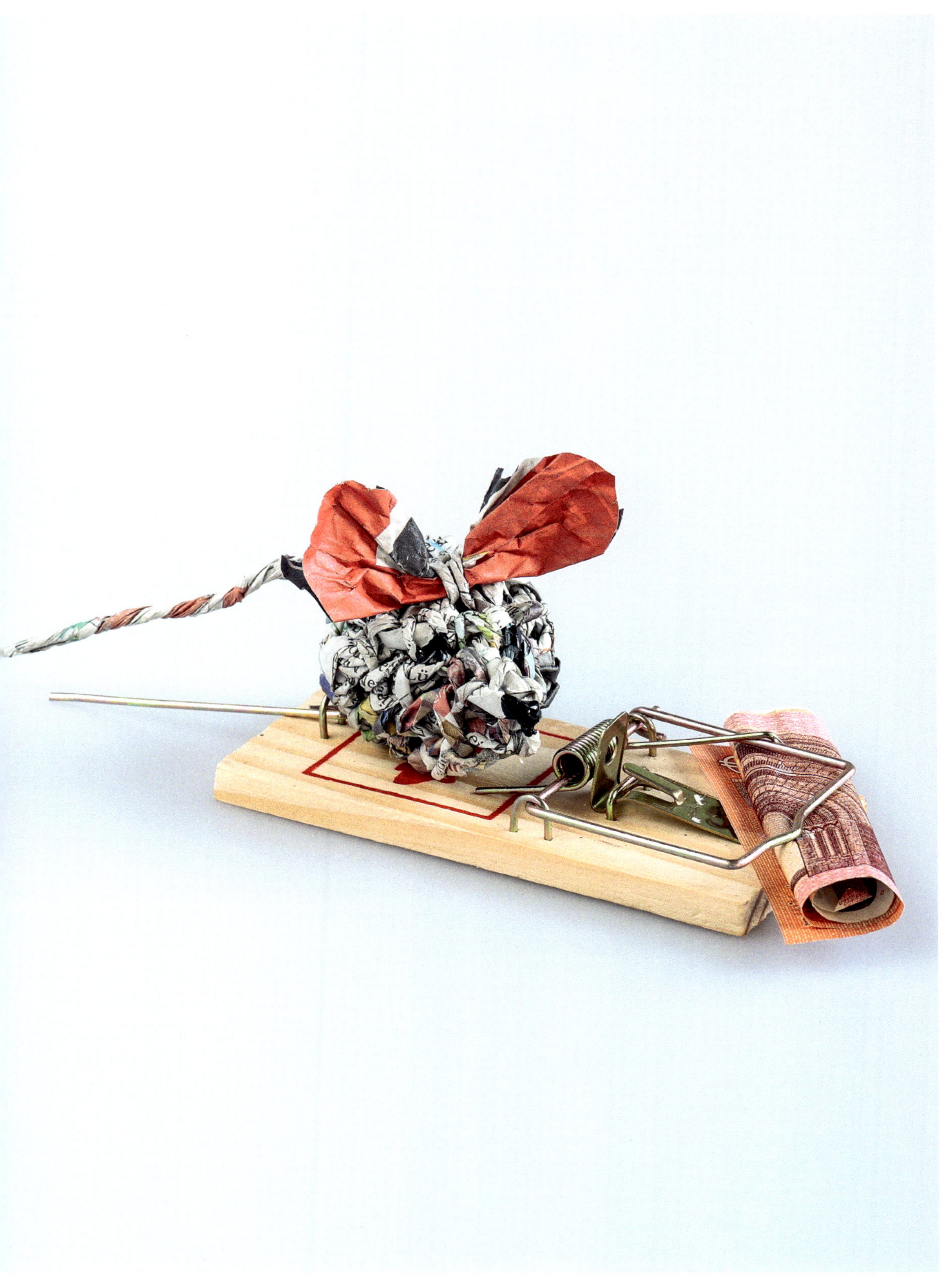

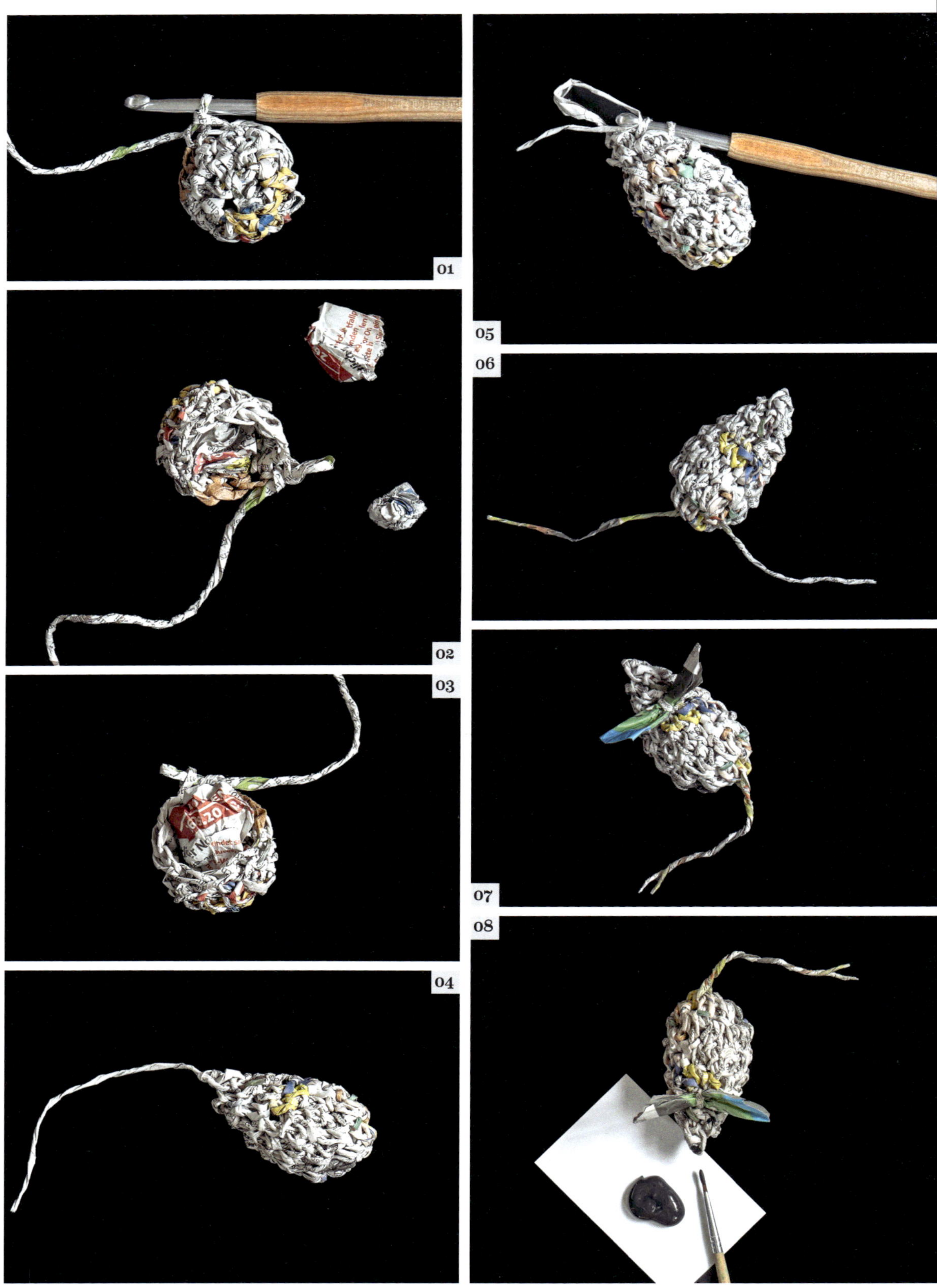
01
02
03
04
05
06
07
08

MÄUSEKÖRPER

Runde 1
Fadenring mit 7 FM.

Runde 2
Alle M mit fM verdoppeln (= insgesamt 14 fM **(01)**.

Runde 3 und 4
fM in Spiralen **(02)**. Den Mäusekörper bis dahin fest mit Zeitungsschnipseln ausstopfen und dabei leicht in Form drücken **(03)**.

Ab Runde 5
Mit fM weiterhäkeln, doch ab jetzt bis zur Spitze jede 4. M überspringen. Den Körper nach und nach weiter ausstopfen. Den Faden durch die letzten 2 Maschen der Nasenspitze ziehen **(04)**, abschneiden und vernähen, dabei ein spitzes Näschen formen **(05)**.

SCHWÄNZCHEN
Am Hinterteil der Maus mit der dünnen Häkelnadel ein etwa 10 cm langes Stück Zeitungsgarn einziehen und die beiden Fadenenden miteinander verdrehen **(06)**.

OHREN
Am Oberkopf der Maus mit der dünnen Häkelnadel ein etwa 8 cm langes Stück dicke Zeitungsschnur einziehen, die Schnur aufdrehen und beide Enden mit der Schere abrunden. Die Ohren in Form ziehen **(07)**.

· 5 g Zeitungsgarn
· 8 cm dicke Zeitungsschnur
· Häkelnadeln in Stärke 6 und 4
· Klebestift
· Schere
· Zeitungsschnipsel zum Ausstopfen des Mäusekörpers
· Mausefalle aus Holz (oder selbst gebastelte aus Pappe)
· schwarze Acrylfarbe
· Pinsel
· Alleskleber oder Heißklebepistole

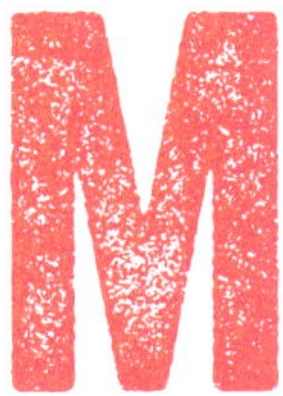

GESICHT
Mit schwarzer Acrylfarbe die Nasenspitze und Knopfaugen aufmalen. Die Äuglein werden plastischer, wenn Sie nach dem Trocknen eine zweite Farbschicht auftragen **(08)**.

FERTIGSTELLUNG
Das Mäuschen mit Alles- oder Heißkleber auf die «ungefährliche» Seite der Falle kleben, das aufgerollte oder gefaltete Geld bzw. einen Geschenkgutschein unter die Metallklammer klemmen.

ARMBÄNDER FÜR SIE UND IHN (BREITE: 4 CM & 2 CM)

Die außergewöhnlichen Armbänder aus handgesponnenem Zeitungsgarn sind ein echtes Statement für Nachhaltigkeit. Wer sie trägt, wird mit Sicherheit häufig darauf angesprochen.

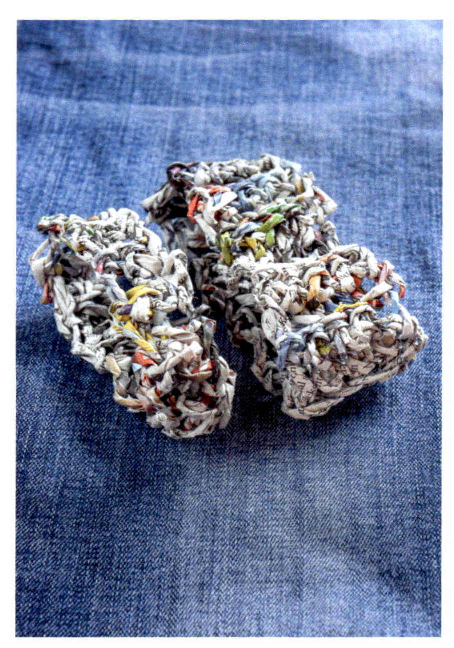

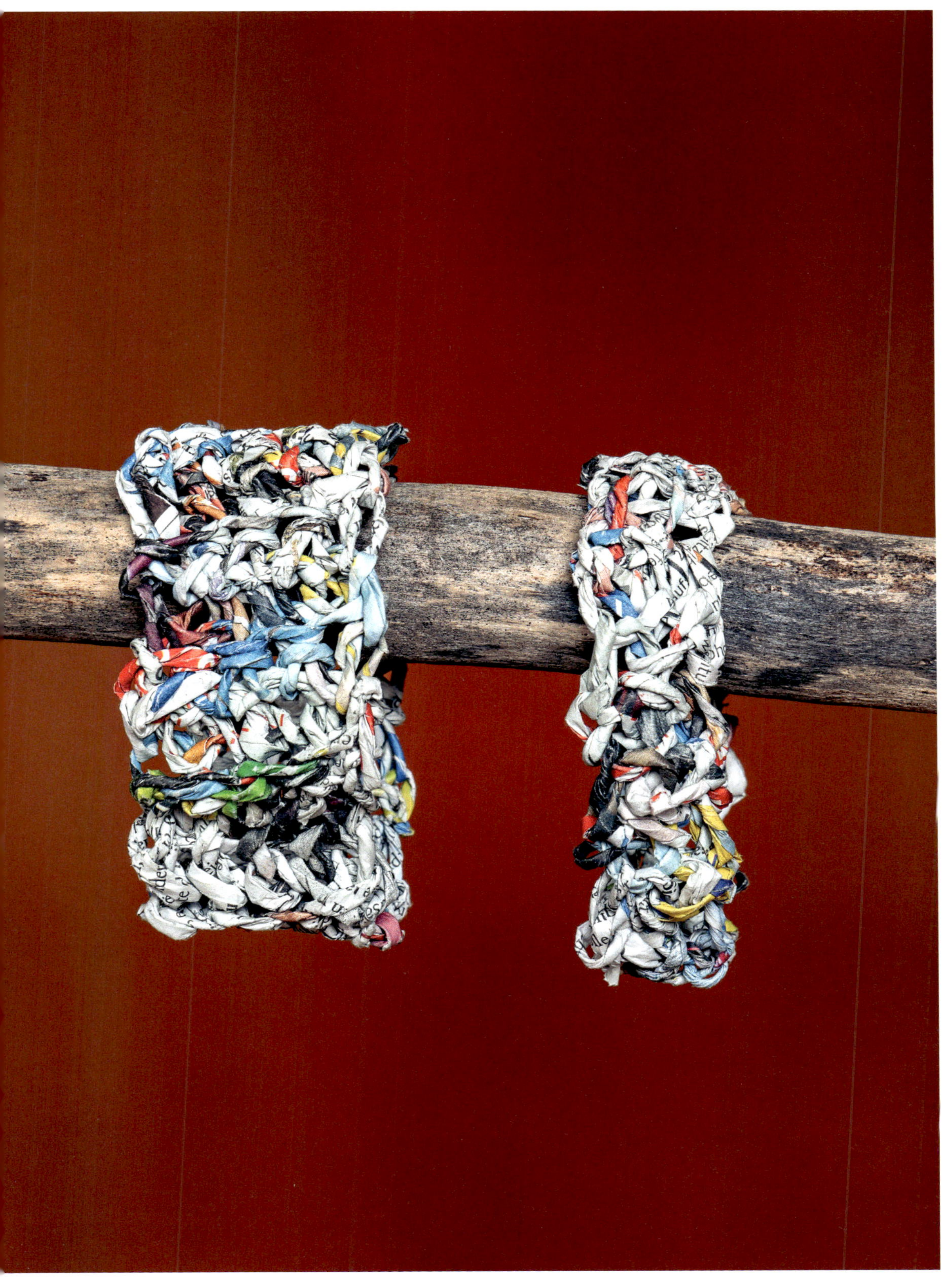

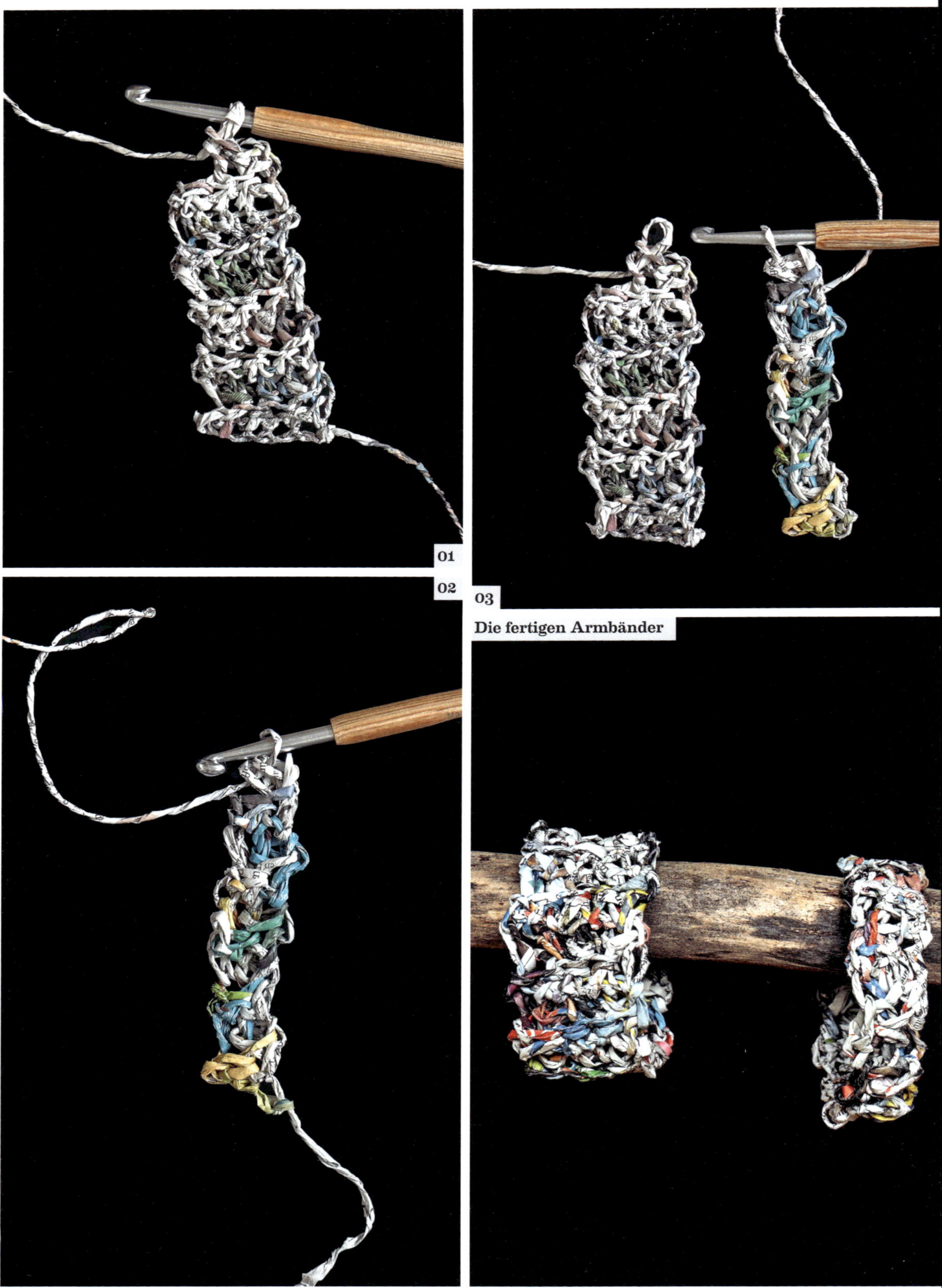

01

02

03

Die fertigen Armbänder

Für das breite Armband 6 LM und eine Wendeluftmasche, für das schmalere Armband 3 LM und eine Wendeluftmasche anschlagen. Alle weiteren Arbeitsschritte sind für beide Armbänder gleich.

Runde 1

1 fM in jede LM, 1 Wendeluftmasche.

Ab Runde 2

Mit fM weiterhäkeln, aber immer nur in das hintere Maschenglied einstechen. So entsteht das schöne Riffelmuster. Jede Reihe mit 1 Wendeluftmasche abschließen **(01+02)**.

Wenn das Armband die gewünschte Länge hat, den Faden durch die Schlinge ziehen und auf ca. 25 cm kürzen. Die beiden Enden des Armbands übereinanderlegen und mit dem Endfaden mit fM zusammenhäkeln. Dabei jeweils nur die inneren Maschenglieder fassen. Den Faden durch die Schlaufe ziehen **(03)**, abschneiden und das Ende auf der Innenseite des Armbands einweben.

- **10 g dünnes Zeitungsgarn in Ihren Wunschfarben**
- **Häkelnadeln in Stärke 6 und 4**
- **Klebestift**
- **Schere**

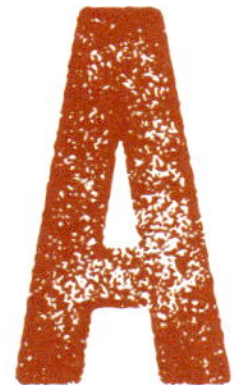

CREOLEN

Für sehr filigrane Objekte wie diese Ohrringe sollten Sie Ihr Garn aus sehr schmalen Papierstreifen spinnen (maximal 0,5 cm) und mit einer dünnen Nadel arbeiten. Für mich als Grobmotorikerin eine echte Herausforderung.

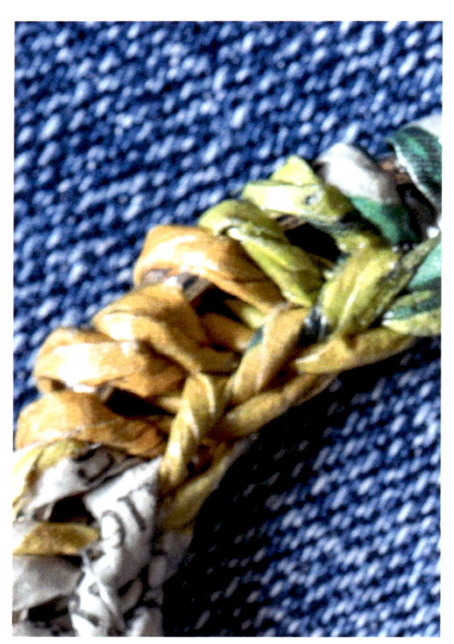

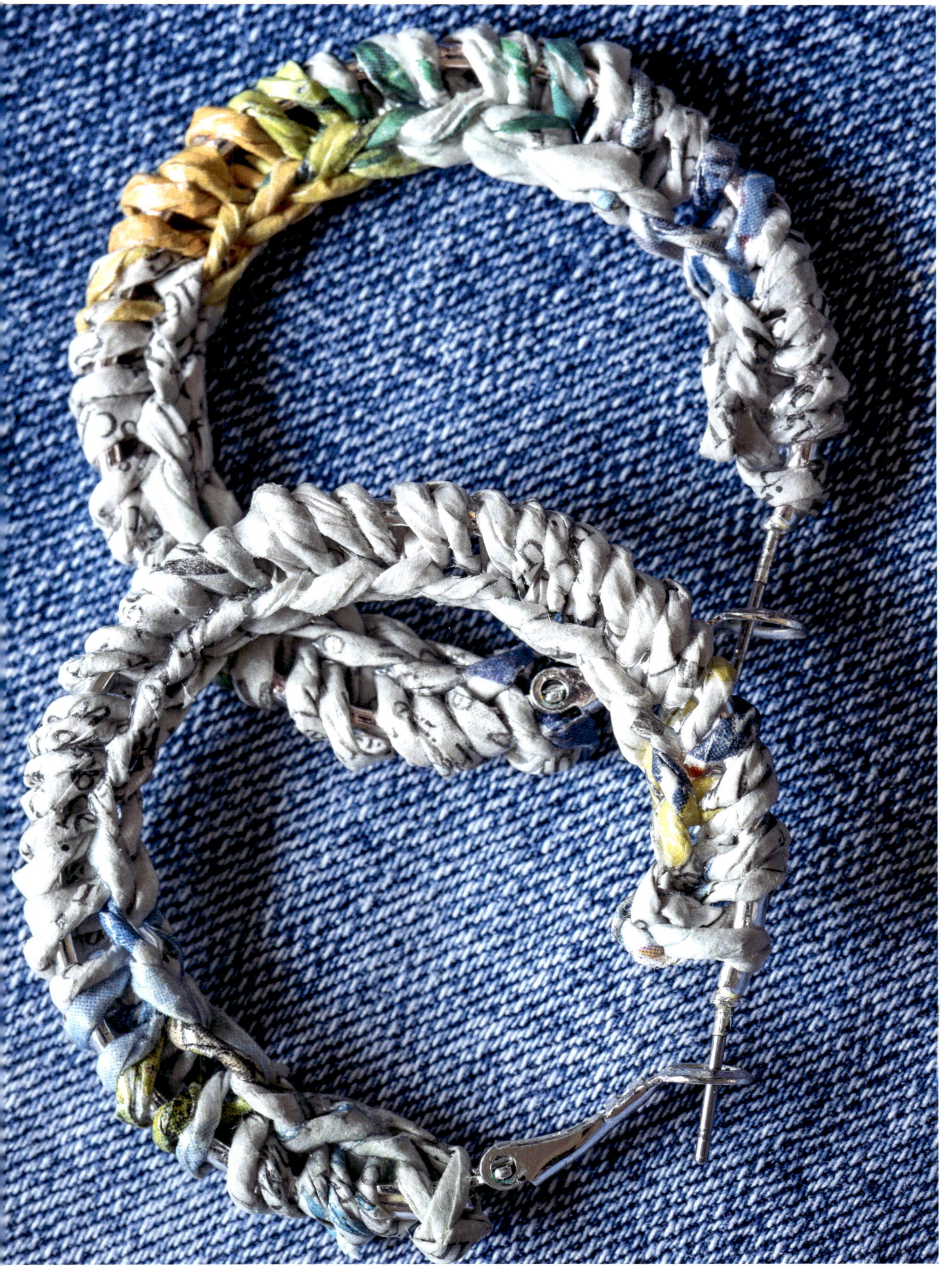

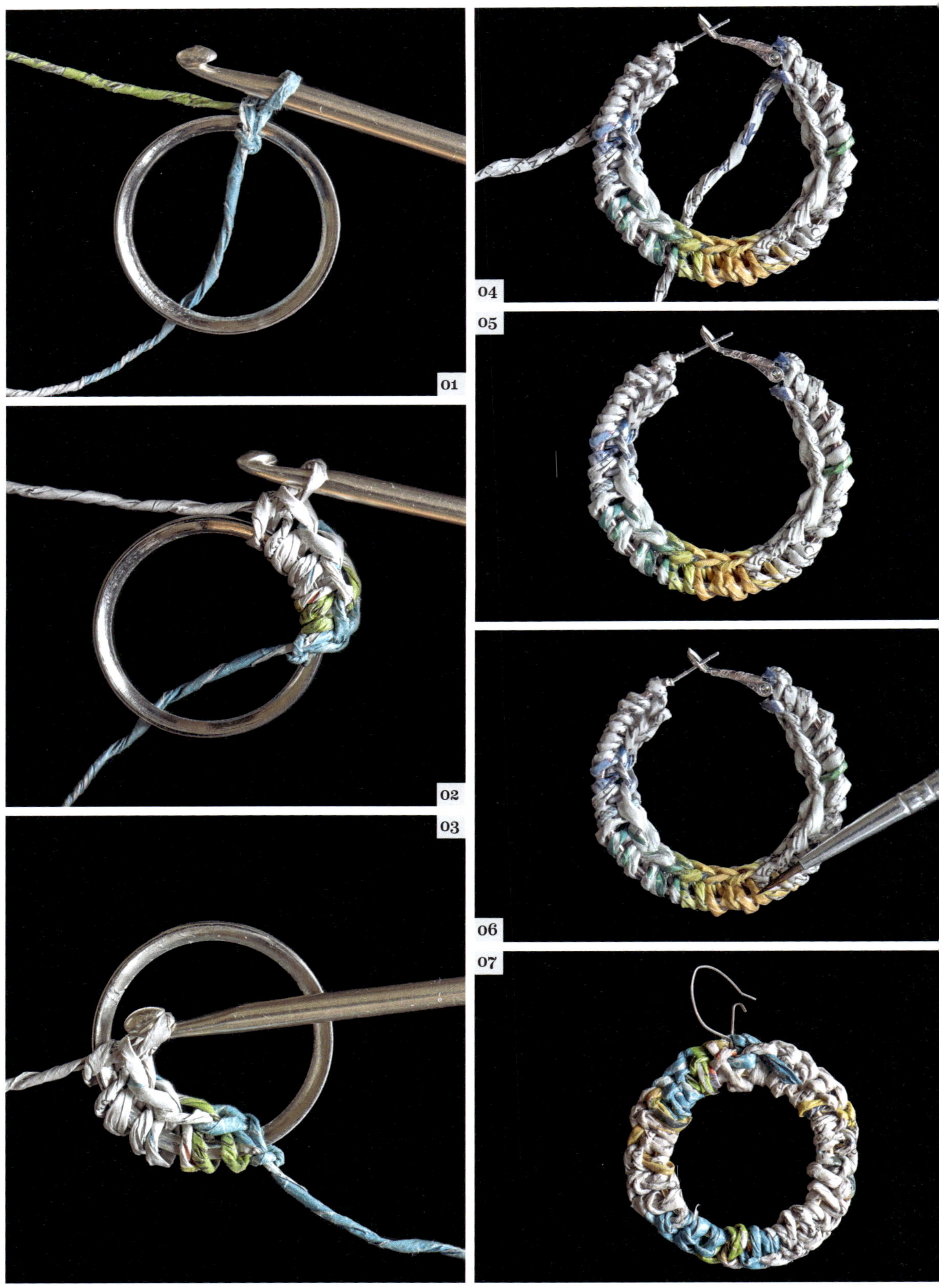
01
02
03
04
05
06
07

- 5 g sehr feines Zeitungsgarn in Ihren Wunschfarben
- 1 Paar ausrangierte Creolen
- Häkelnadel in Stärke 4
- Schere
- Acryl-Klarlack
- Pinsel

1 LM anschlagen und mit einer Schlaufe am Ring befestigen **(01)**.

Den kompletten Ring möglichst gleichmäßig und dicht mit fM umhäkeln. Entscheiden Sie selbst, ob die Maschen hinterher nach innen oder nach außen zeigen sollen **(02+03)**.

Die Verschlüsse freilassen, den Faden durch die Schlaufe ziehen, abschneiden und das Ende möglichst unauffällig einweben **(04+05)**.

(06) Eine Seite der Creolen mit Acryllack einpinseln und trocknen lassen. Anschließend die andere Seite lackieren und trocknen lassen. Fertig.

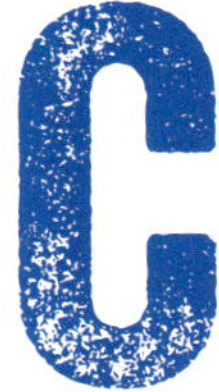

Variante: Geschlossene Ringe aller Art, beispielsweise Gardinenringe oder Unterlegscheiben, können mithilfe von Ohrringhaken in einzigartige Creolen verwandelt werden (07).

BABYSCHÜHCHEN – WILLKOMMEN, KLEINER MENSCH!

Wie viel Liebe und Vorfreude in diesem Geschenk zur Geburt steckt, ist auf Anhieb zu sehen. Es ist von hoher Symbolkraft, wenn die Schühchen aus einer Zeitung jenes Tages angefertigt werden, an dem der neue Erdenbürger das Licht der Welt erblickt hat. Selbstverständlich können Sie das Garn aber auch aus einer beliebigen Zeitung spinnen. Der Text ist später ja ohnehin nicht mehr lesbar.

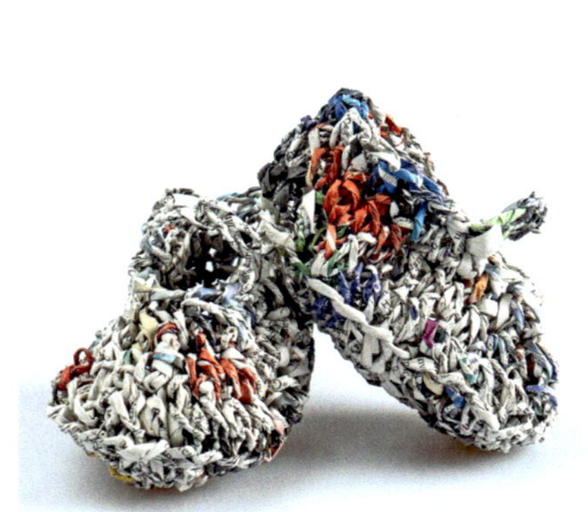

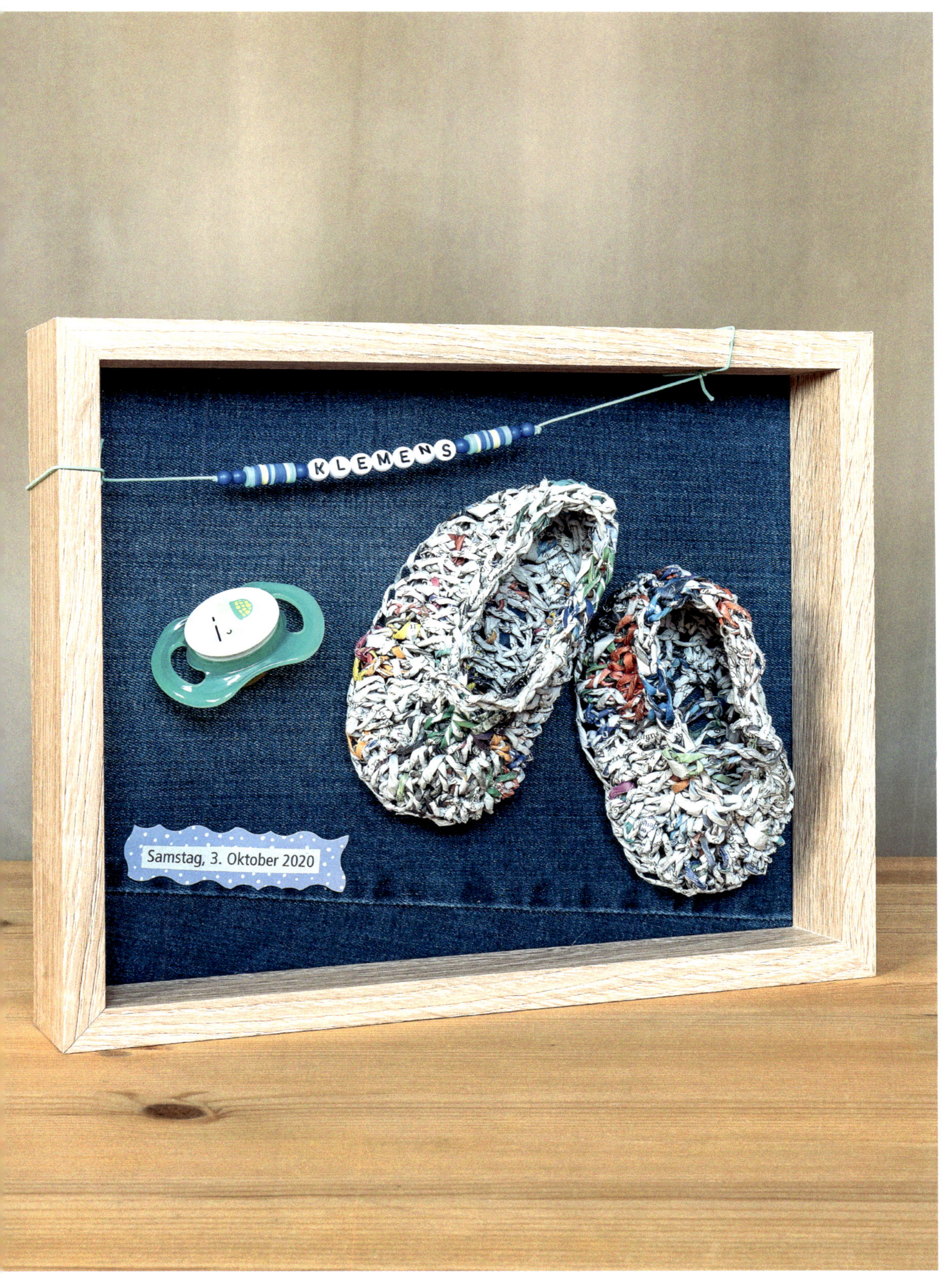
KLEMENS
Samstag, 3. Oktober 2020

MaschenZauber Senden
MaschenZauber Senden
KLEMENS
Samstag, 3. Oktober 2020
01
02
03
04
05

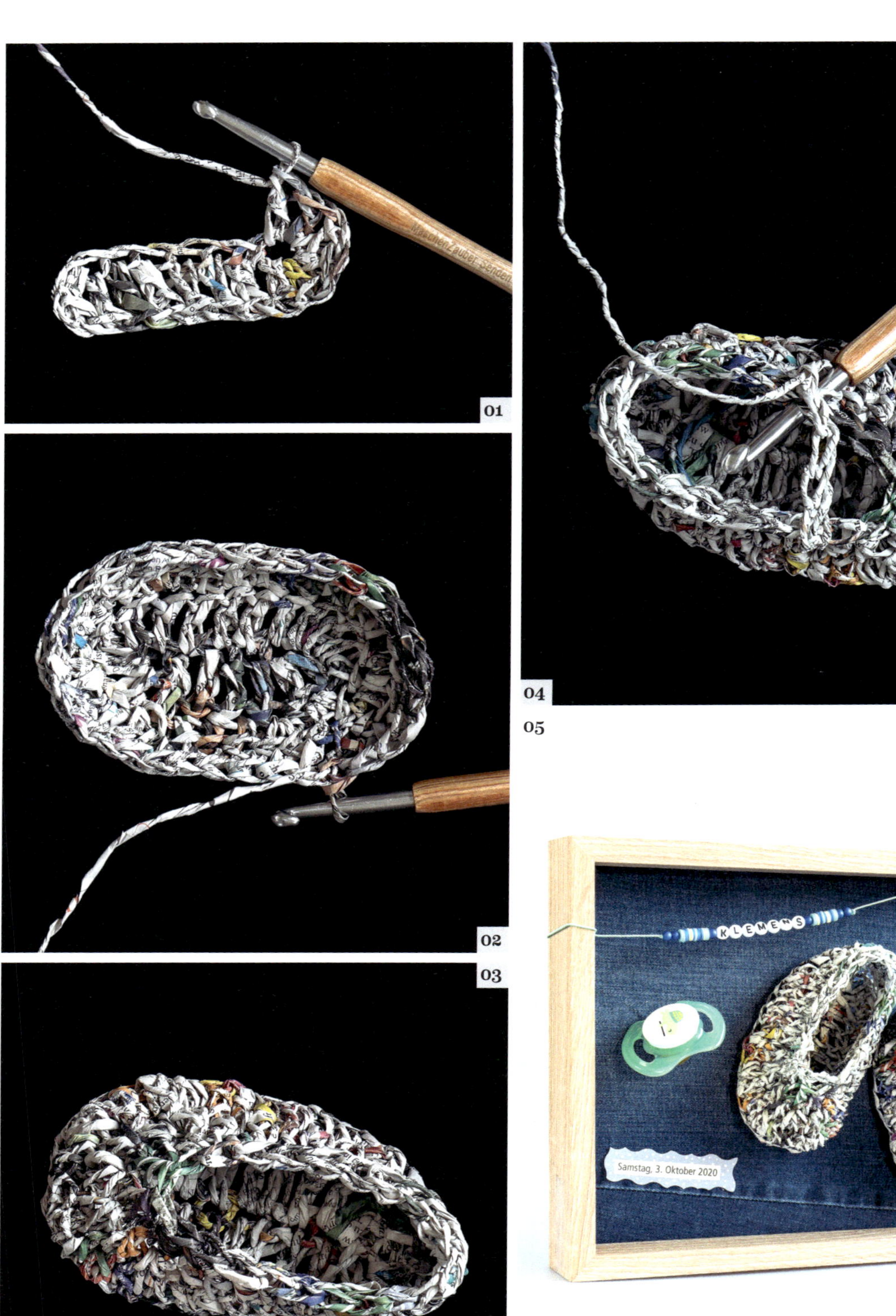

Für jedes Schühchen 9 LM anschlagen. Die erste Schlaufe so groß arbeiten, dass in der nächsten Runde 6 M hineinpassen.

Runde 1

2 Stb in die 3. LM, je 1 Stb in die nächsten 5 LM, 6 Stb in die letzte LM, die Arbeit drehen und an der Unterseite der Luftmaschenkette zurückhäkeln: je 1 Stb in die nächsten 5 LM, 3 Stb in die letzte LM, mit 1 KM zur Runde schließen **(01)**.

Runde 2

2 LM, 1 hStb in dieselbe KM der Vorrunde, 2 hStb in die nächste M, 2 hStb in die nächste M, je 1 hStb in die nächsten 5 M, je 2 hStb in jede der 6 M der Vorrunde, je 1 hStb in die nächsten 5 M, je 2 hStb in jede der 3 M der Vorrunde, mit 1 KM zur Runde schließen **(02)**.

Runde 3

8 hStb, 8 x je 2 M zusammen abketten, 9 hStb, mit 1 KM schließen.

Runde 4

8 hStb, 4 x je 2 M zusammen abketten, 9 hStb, 1 KM, den Faden durch die Schlaufe ziehen, abschneiden und das Ende einweben **(03)**.

Für das Bändchen in die 2. fM nach dem Vorderblatt 1 KM + 6 LM. Die Luftmaschenkette mit 1 KM an der anderen Seite des Schühchens befestigen. Den Faden durch die Schlaufe ziehen und abschneiden, alle Fadenenden einweben und das Schühchen in Form drücken **(04)**.

Fertigstellung

Zerlegen Sie den Objektrahmen in seine Einzelteile. Zunächst den Hintergrund mit Jeans- oder Blümchenstoff oder einem hübschen Papier in der passenden Größe bekleben. Schühchen und Schnuller mit Heißkleber aufkleben. Buchstaben und Perlen auf ein Stück Schnur fädeln und diese so an den oberen Rand des Rahmens knoten, dass die Kette frei zwischen den Leisten hängt. Das Geburtsdatum oder einen persönlichen Glückwunschtext auf ein Stück Pappe schreiben, die Pappe aufkleben und den Rahmen mit oder ohne die Glasscheibe wieder zusammensetzen **(05)**.

· 40 g Zeitungsgarn
· Häkelnadeln in Stärke 6 und 4
· Klebestift
· Schere
· 1 Objektrahmen: 30 x 30 cm, alternativ ein alter Bilderrahmen
· Buchstaben und Perlen aus Holz oder Kunststoff zum Auffädeln
· Feines Baumwollgarn
· Schnuller oder sonstiger Babyartikel
· Heißklebepistole oder Bastelleim
· 1 Stück Pappe
· Filzschreiber oder Glitzerstift
· Stoffrest oder schönes Papier bzw. Karton für den Hintergrund

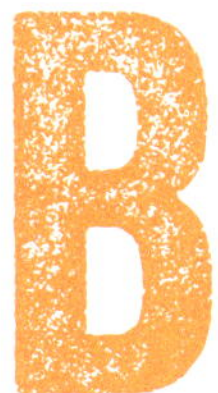

LÄSSIGER SONNENHUT (GRÖẞE: M – KOPFUMFANG: 56 CM)

Wohl jeder hat schon einmal einen Hut aus Zeitungspapier gefaltet. Wie wäre es stattdessen mit diesem charmanten gehäkelten Modell für einen heißen Sommertag? Auch als Hingucker an der Garderobe macht sich dieser Hut gut.

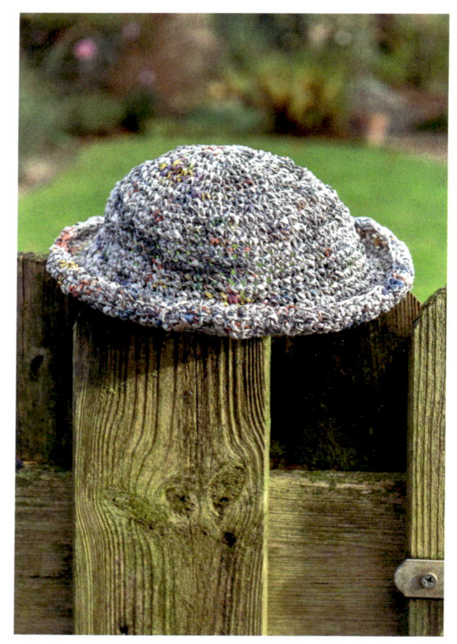

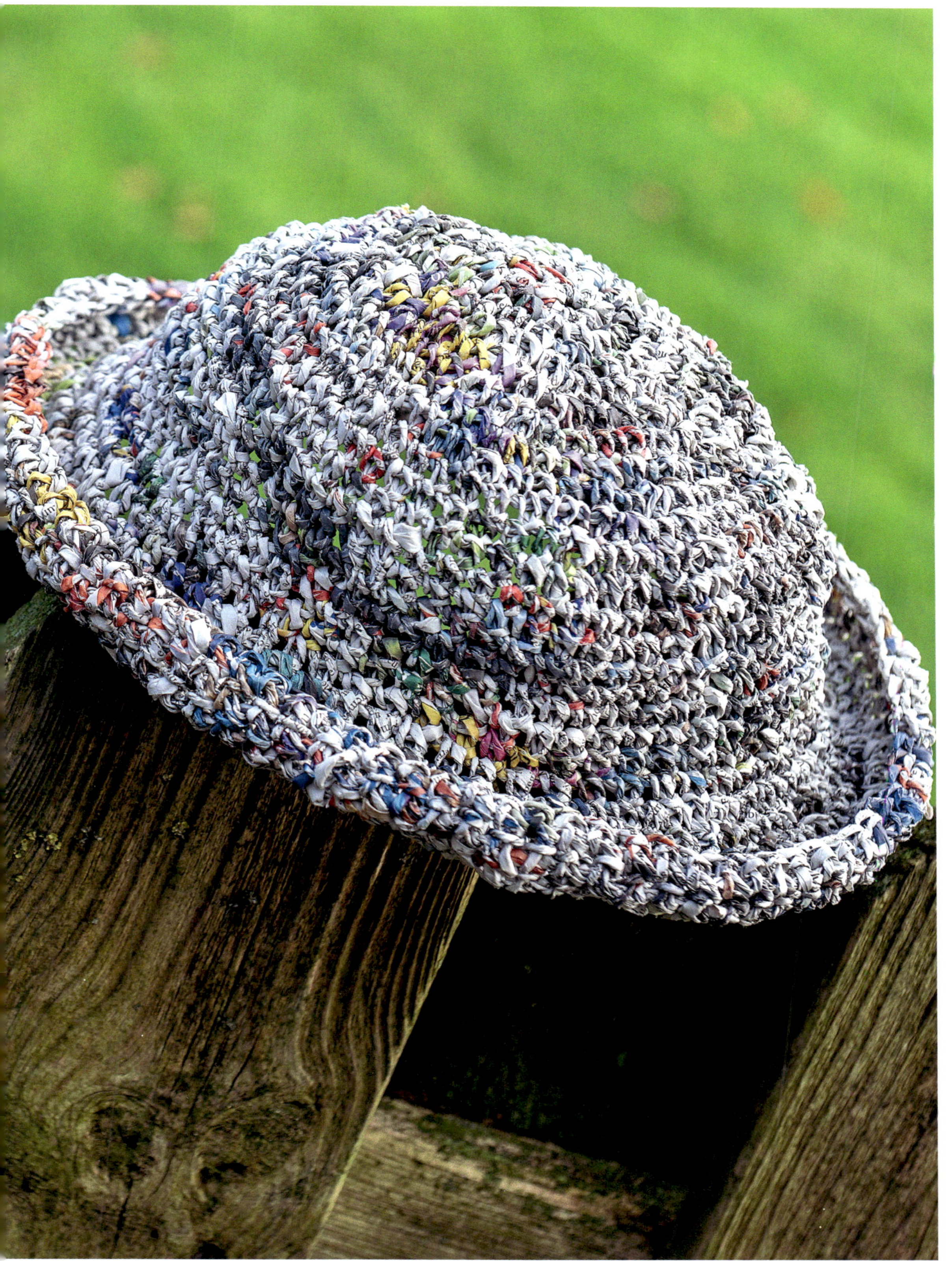

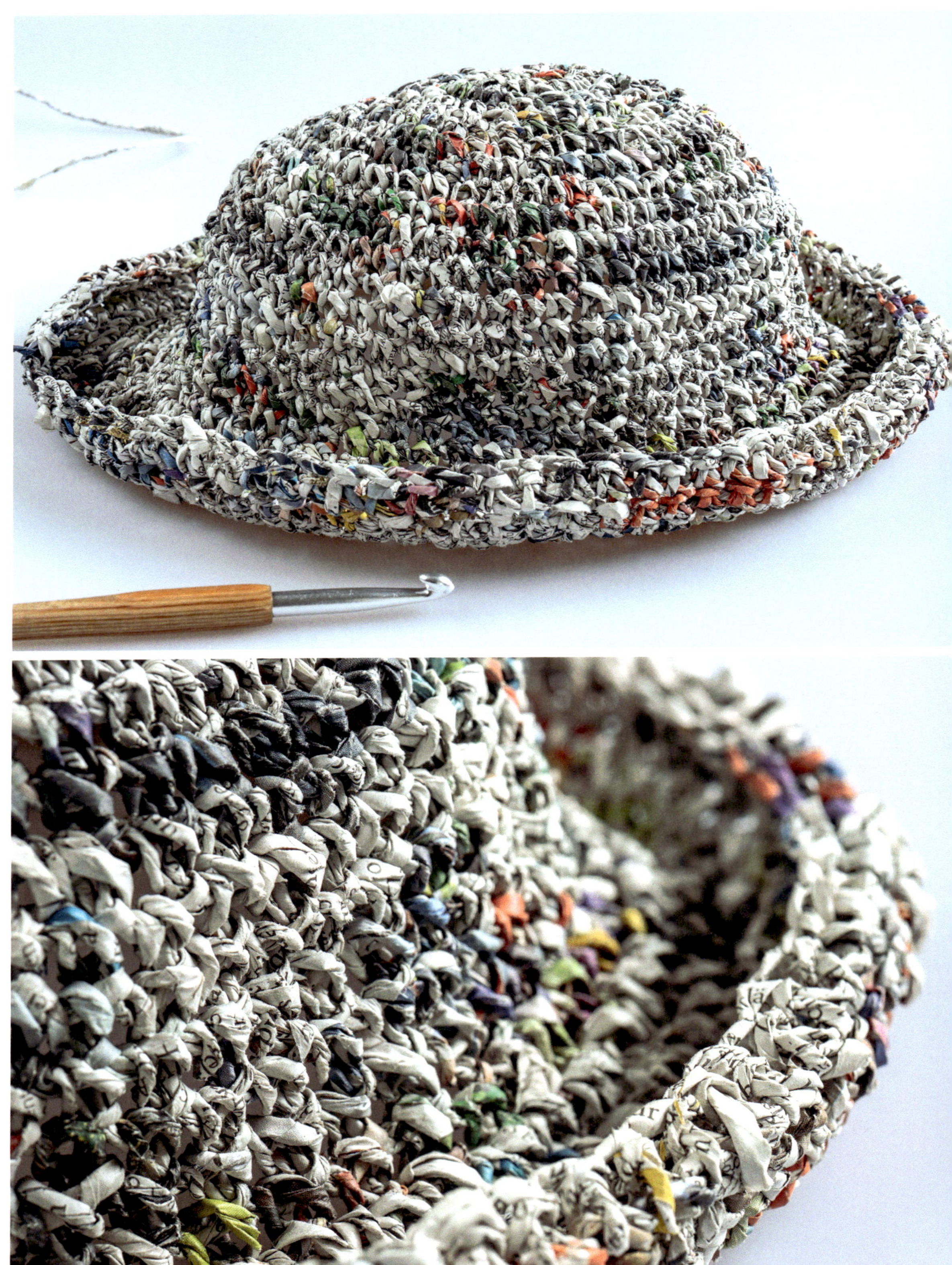

Der Hut wird in Spiralen gehäkelt. Markieren Sie jeden Rundenanfang mit einem Maschenmarkierer oder Wollfaden, damit Sie nicht mitzählen müssen. Eine Anleitung für den Fadenring finden Sie auf Seite 56–57.

Runde 1
Fadenring mit 6 fM, mit 1 KM zur Runde schließen.

Runde 2
Alle fM verdoppeln (= insgesamt 12 fM).

Runde 3
Jede 2. fM verdoppeln, also 1 fM + 2 fM (= insgesamt 18 fM).

Runde 4
Jede 3. fM verdoppeln (= insgesamt 24 fM).

Runde 5
Jede 4. fM verdoppeln (= insgesamt 36 fM).

Runde 6
Jede 5. fM verdoppeln (= insgesamt 42 fM).

Runde 7
Jede 6. fM verdoppeln (= insgesamt 48 fM).

Runde 8
Jede 7. fM verdoppeln (= insgesamt 54 fM). Der Durchmesser der entstandenen Scheibe sollte nun etwa 16 cm betragen; ist er zu klein, häkeln Sie noch eine weitere Runde.

Runde 9 bis 18
fM ohne weitere Zunahmen. Jetzt ist der richtige Zeitpunkt für eine Hut-Anprobe vor dem Spiegel.

Runde 19
Jede 2. fM verdoppeln.

Ab Runde 20
Für die Hutkrempe mit fM ohne Zunahme weiterhäkeln, bis der Rand sich aufzurollen beginnt. Die Breite der Krempe sollte 6–7 cm betragen. Den Rand mit einer Runde KM verstärken, den Faden durch die Schlaufe ziehen, abschneiden, das Ende einweben und den Hut in Form ziehen.

· 100 g feines Zeitungsgarn
· Häkelnadeln in Stärke 6 und 4
· Klebestift
· Schere

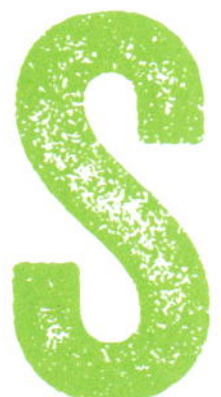

HÄKELWESTE
(LÄNGE: 48 CM SCHULTERBREITE: 30 CM TAILLENWEITE: 80 CM)

Diese witzige Weste mit lockerem Reliefmuster ist ganz einfach nachzuhäkeln. Kombiniert mit schwarzer Kleidung, aber auch mit Jeans, kommt sie ausgezeichnet zur Geltung.

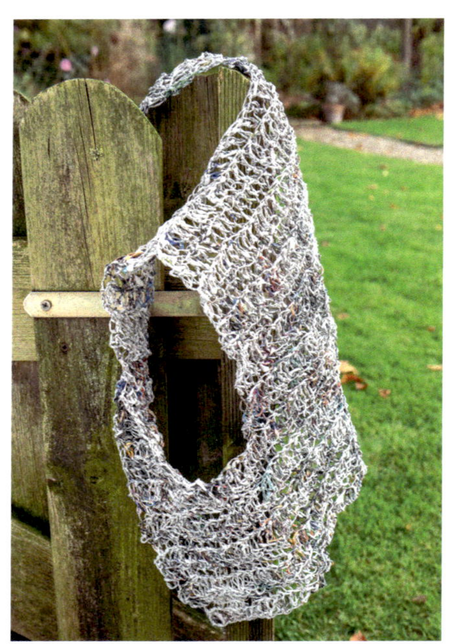

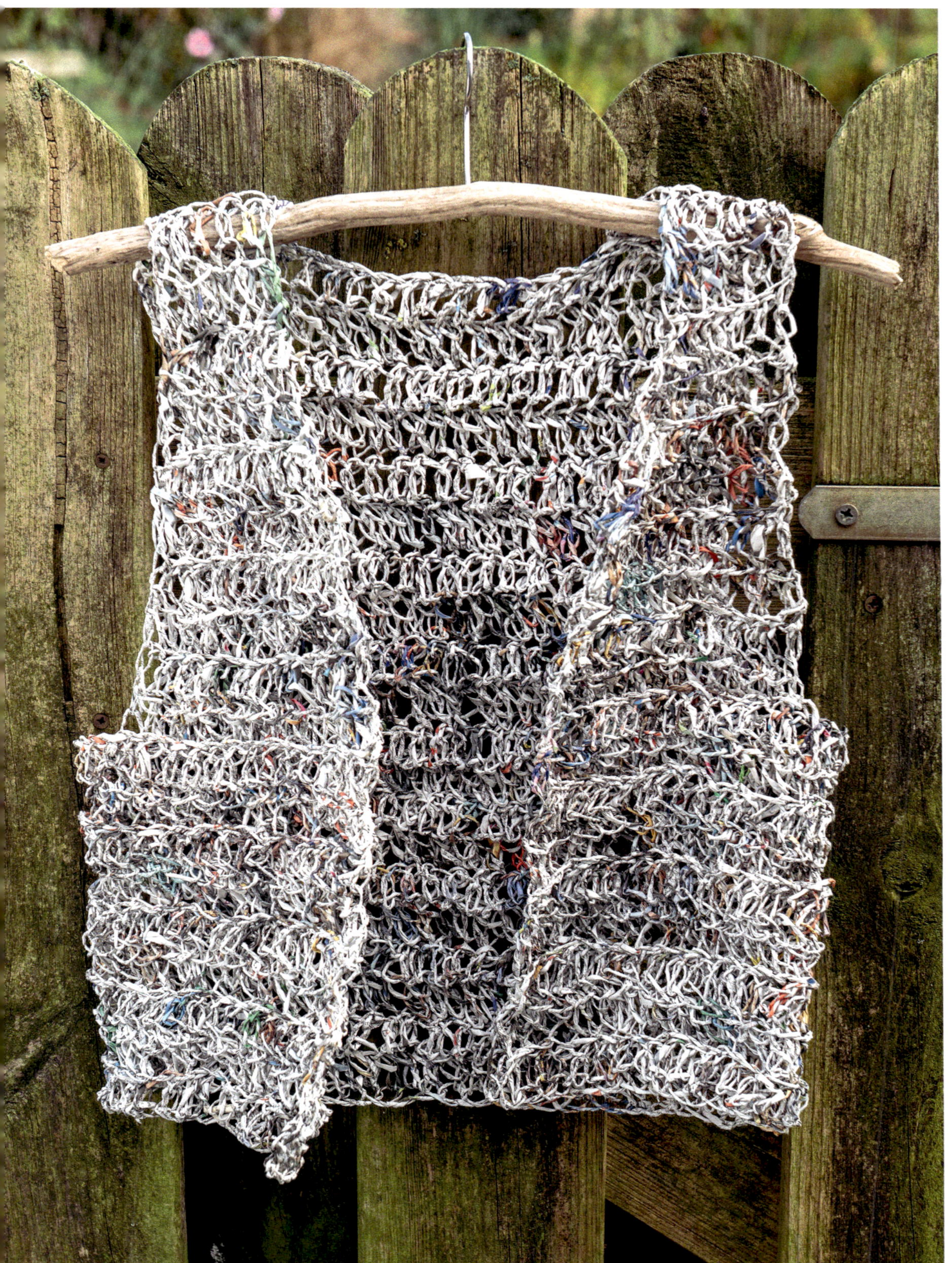

01

02

03

04

05

1R
1R
1M
1M
1M
11 Reihen
13 Maschen
30 Maschen
6M
13 Reihen
9 Reihen
68 Maschen

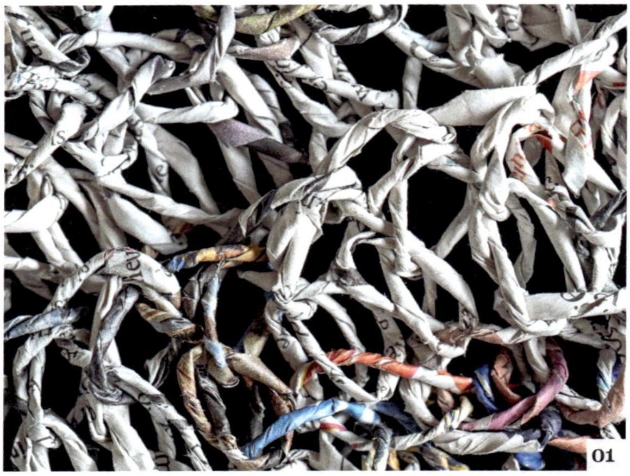

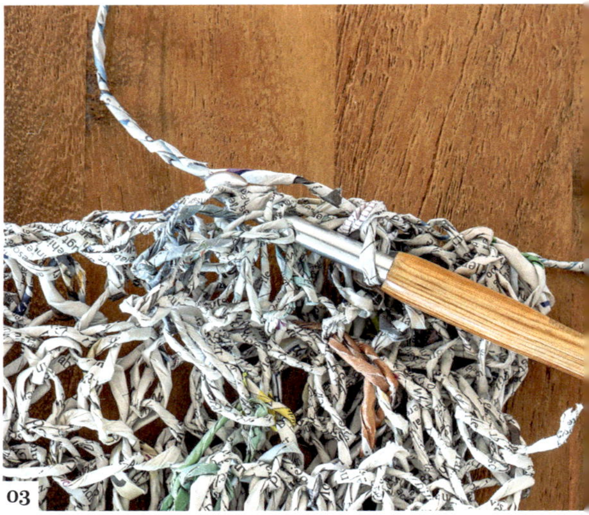

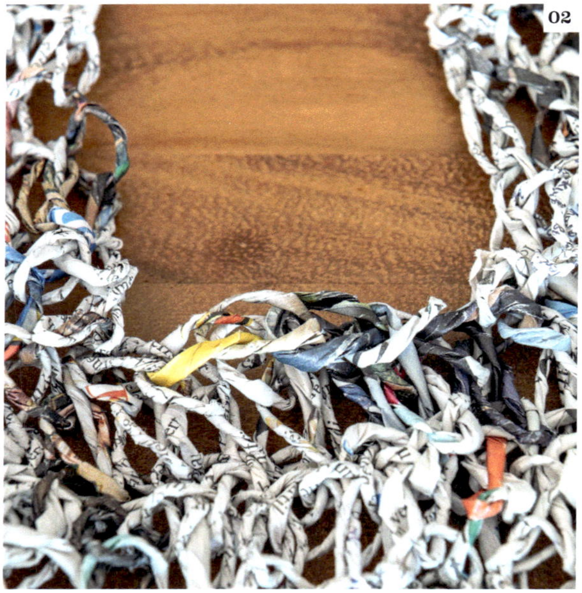

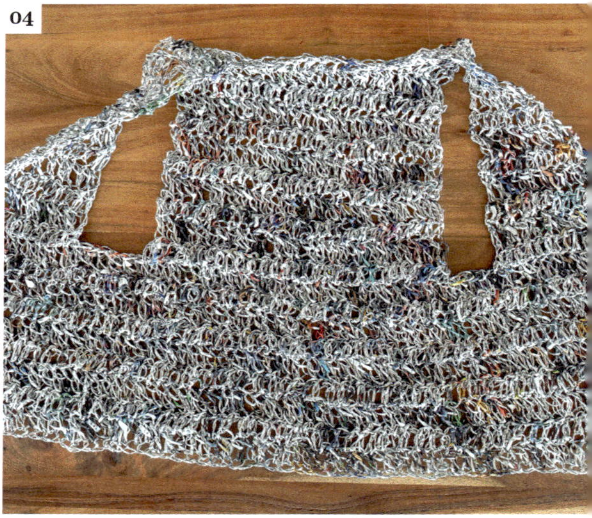

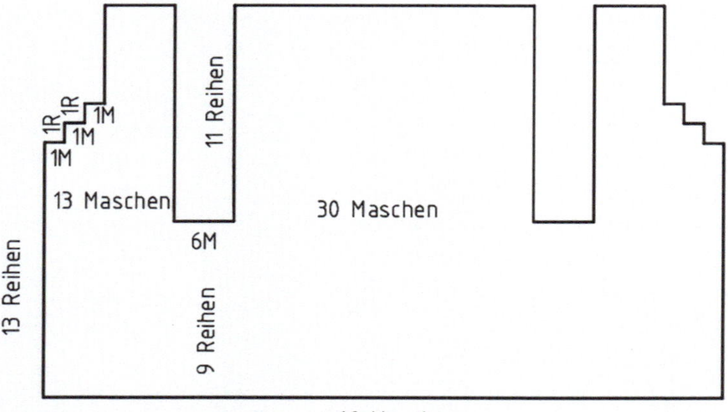

GRUNDMUSTER

Stb; in jeder Hinreihe nur in das hintere, in jeder Rückreihe nur in das vordere Maschenglied einstechen **(01)**.

Die Jacke wird von unten nach oben am Stück gearbeitet und erst an den Armausschnitten in Rücken und Vorderteile geteilt. Schlagen Sie 8 LM und 2 Wendeluftmaschen an **(05)**.

Reihe 1

68 Stb und 2 Wendeluftmaschen ab der 3. LM.

Reihe 2–10

68 Stb im Grundmuster und 2 Wendeluftmaschen.

Ab Reihe 11

Rückenteil und Vorderteile getrennt voneinander arbeiten wie folgt:

RÜCKENTEIL

Reihe 11–21

Die mittleren 30 M und jeweils 2 Wendeluftmaschen im Grundmuster häkeln. Den Faden durch die Schlaufe ziehen und auf 30 cm kürzen. Er wird später zum Schließen der Schulternähte verwendet **(02+03)**.

VORDERTEILE

Reihe 11–13

13 M im Grundmuster häkeln.

Reihe 14–16

Für den vorderen Halsausschnitt in jeder Reihe die äußeren 2 Stb wie folgt zusammenhäkeln: Umschlag, in die 1. zu häkelnde Masche einstechen, den Faden nach vorne holen, in die 2. Masche einstechen, den Faden nach vorne holen und beide Maschen gemeinsam abketten. Es werden pro Vorderteil also insgesamt 3 Maschen abgenommen.

· 200 g Zeitungsgarn
· Häkelnadeln in Stärke 15 und 5
· Schere

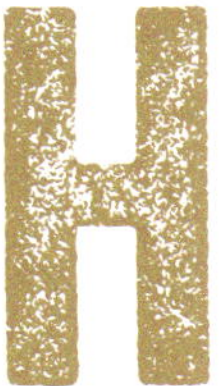

Reihe 17–20

10 M im Grundmuster häkeln. Den Faden durch die Schlaufe ziehen.

Fertigstellung

Die Schulternähte mit der dünnen Häkelnadel und sehr lockeren KM zusammenhäkeln. Die Fadenenden von links einweben **(04)**.

Tipp: Wenn Sie es gerne etwas flippiger mögen, können Sie die Weste mit Fransen – auch aus anderen Materialien – verzieren.

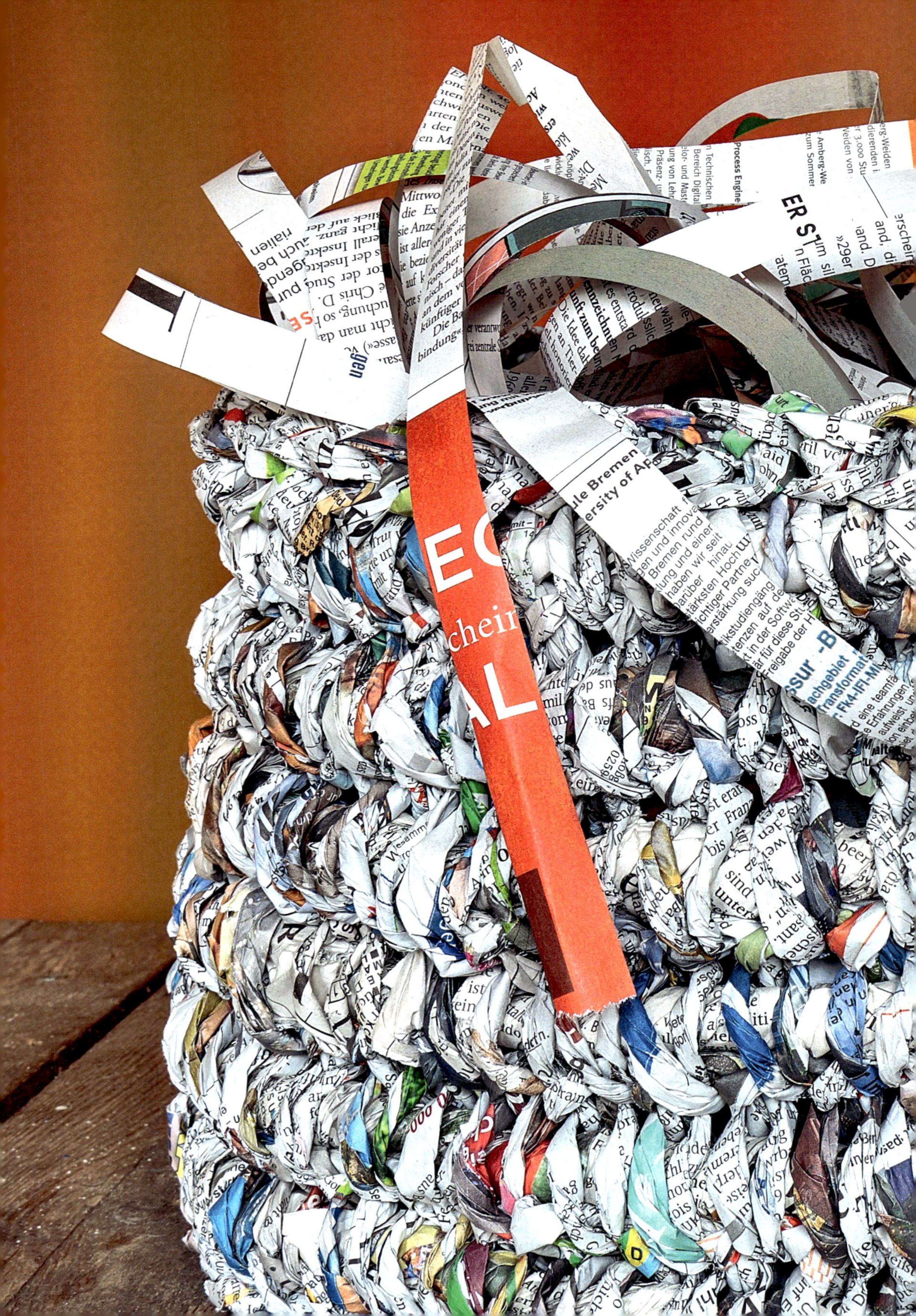

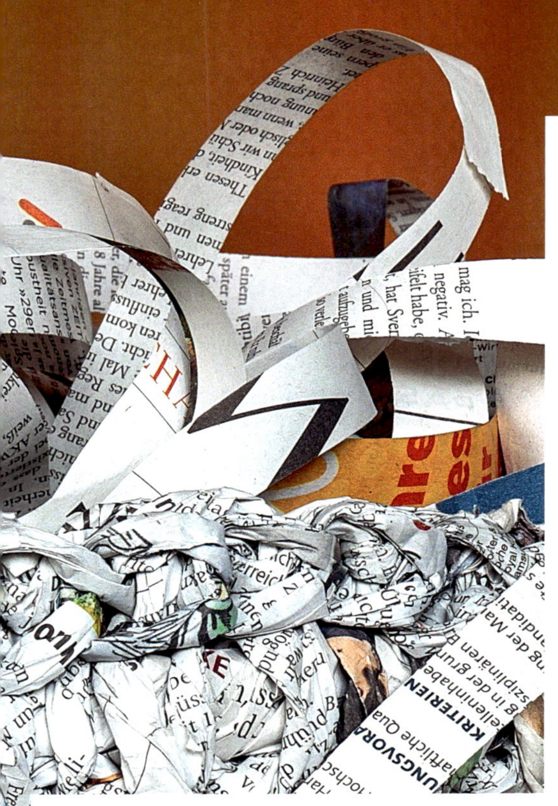

AUS ZEITUNGSSCHNUR & -SEIL

THINK BIG

Während man bei feinem Zeitungsgarn nur erahnen kann, aus welchem Material es besteht, ist das bei dicker Zeitungsschnur gar keine Frage. Ihr rustikaler Charme passt zu jedem Einrichtungsstil.

Ein Hinweis vorweg: Dicke Zeitungsschnur zu verarbeiten ist deutlich anstrengender als das «normale» Verhäkeln von Zeitungsgarn und eine größere Herausforderung für die Handgelenke. Besonders bei größeren Projekten empfehle ich, im Stehen zu arbeiten, häufig zu pausieren und Hände und Handgelenke regelmäßig zu lockern.

DEKOTELLER
(Ø: 40 CM)

Passend zur Jahreszeit dekoriert, macht dieser Teller überall eine gute Figur. Auch als Ablage für Schlüssel und Kleinkram leistet er gute Dienste. Oder Sie häkeln gleich mehrere Teller und verwenden sie als Platzmatten für den Esstisch. Die Größe können Sie variieren – je nachdem, welche Funktion der Teller erfüllen soll und wie viel Platz Sie zur Verfügung haben.

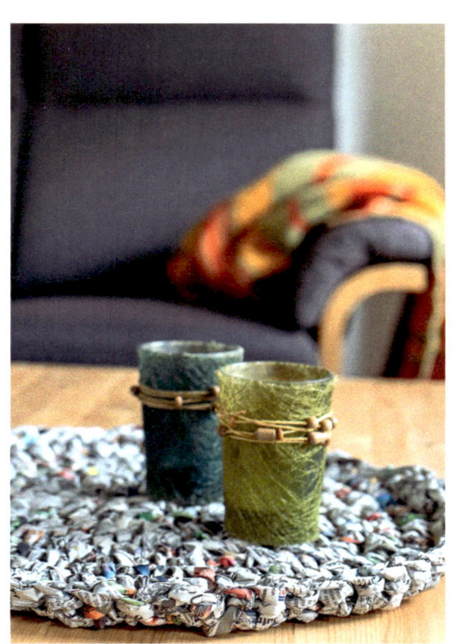

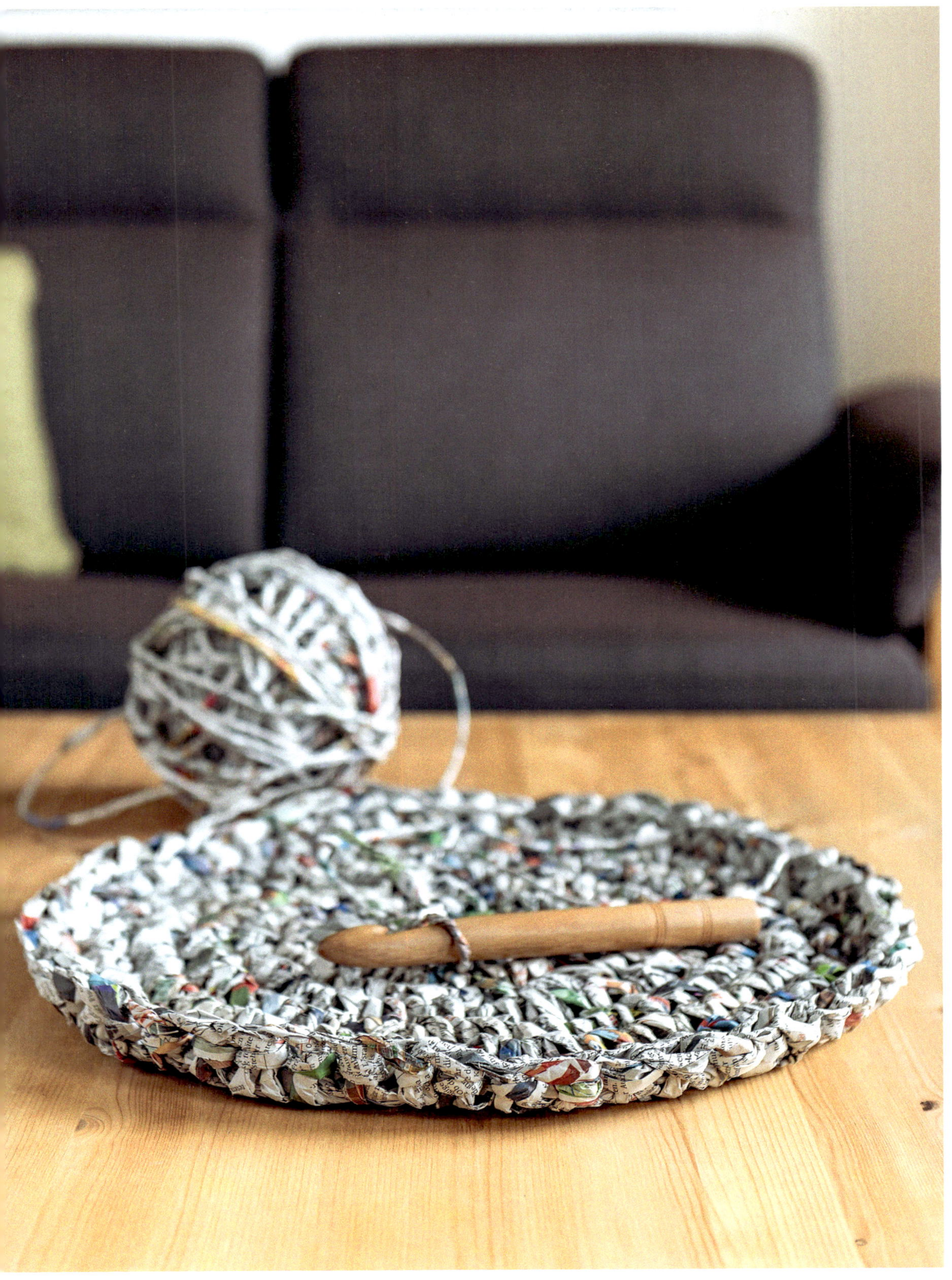

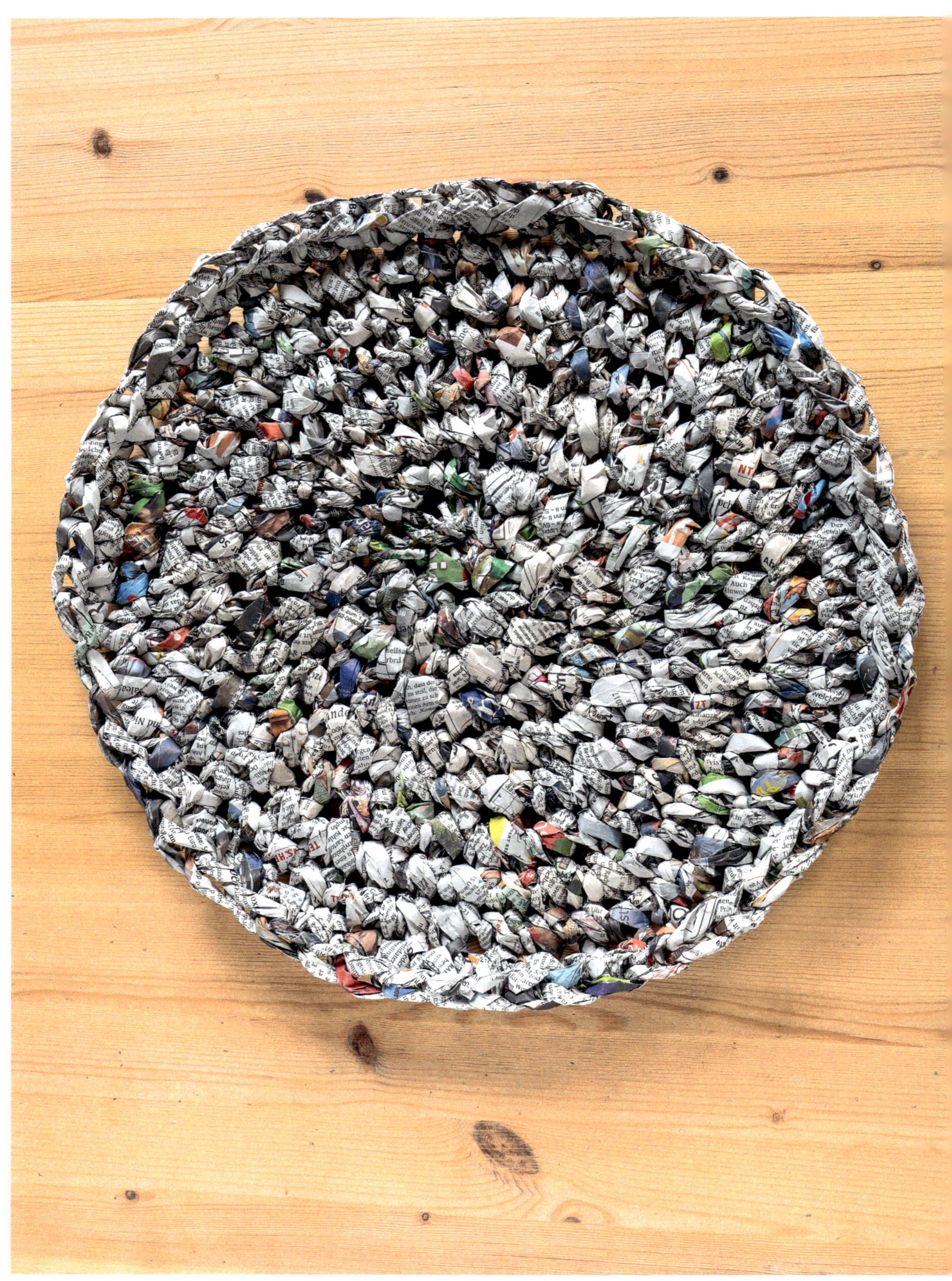

- **200 g Zeitungsschnur**
- **Häkelnadeln in Stärke 15 und 6**
- **Schere**

Wenn Sie die Arbeit nach jeder Runde in Form ziehen und flach drücken, wird der Teller gleichmäßig rund. Ich mag es, wenn der Rand ein wenig hochsteht. Wer eine flache Platzmatte bevorzugt, kann den Rand ganz flach drücken.

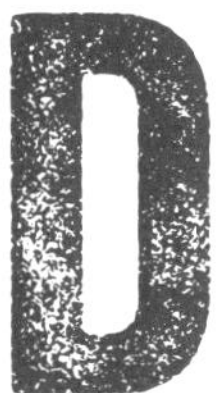

Runde 1
Fadenring mit 6 fM (siehe S. 56–57), mit 1 KM zur Runde schließen. Ab jetzt in Spiralen häkeln.

Runde 2
Alle M verdoppeln (= insgesamt 12 fM).

Runde 3
Jede 2. M verdoppeln (= insgesamt 18 fM).

Runde 4
Jede 3. M verdoppeln (= insgesamt 24 fM).

Runde 5
Jede 4. M verdoppeln (= insgesamt 30 fM).

Runde 6
Jede 5. M verdoppeln (= insgesamt 36 fM).

Runde 7
Jede 6. M verdoppeln (= insgesamt 42 fM).

Runde 8
Jede 7. M verdoppeln (= insgesamt 48 fM).

Runde 9
Jede 8. M verdoppeln (= insgesamt 54 fM).

Den Faden nun durch die Schlaufe ziehen, abschneiden, das Ende auf der Rückseite einweben und den Teller in Form ziehen.

KÖRBCHEN TRIO

Praktische Aufbewahrungskörbchen oder «Utensilos» in verschiedenen Größen kann man gar nicht genug haben, finden Sie nicht? Und wenn Sie kulinarische Köstlichkeiten verschenken möchten, haben Sie gleich ein außergewöhnliches und wiederverwendbares Präsentkörbchen. Für sehr kleine Körbchen ist dünnes Zeitungsgarn besser geeignet als die grobe Zeitungsschnur. Die Körbchen lassen sich platzsparend ineinanderstapeln, wenn sie nicht in Gebrauch sind.

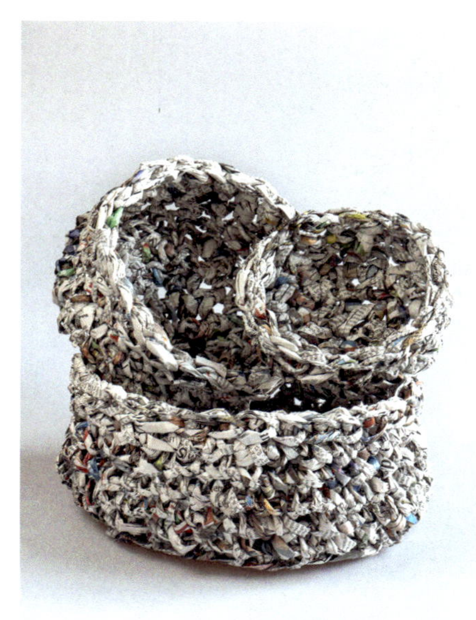

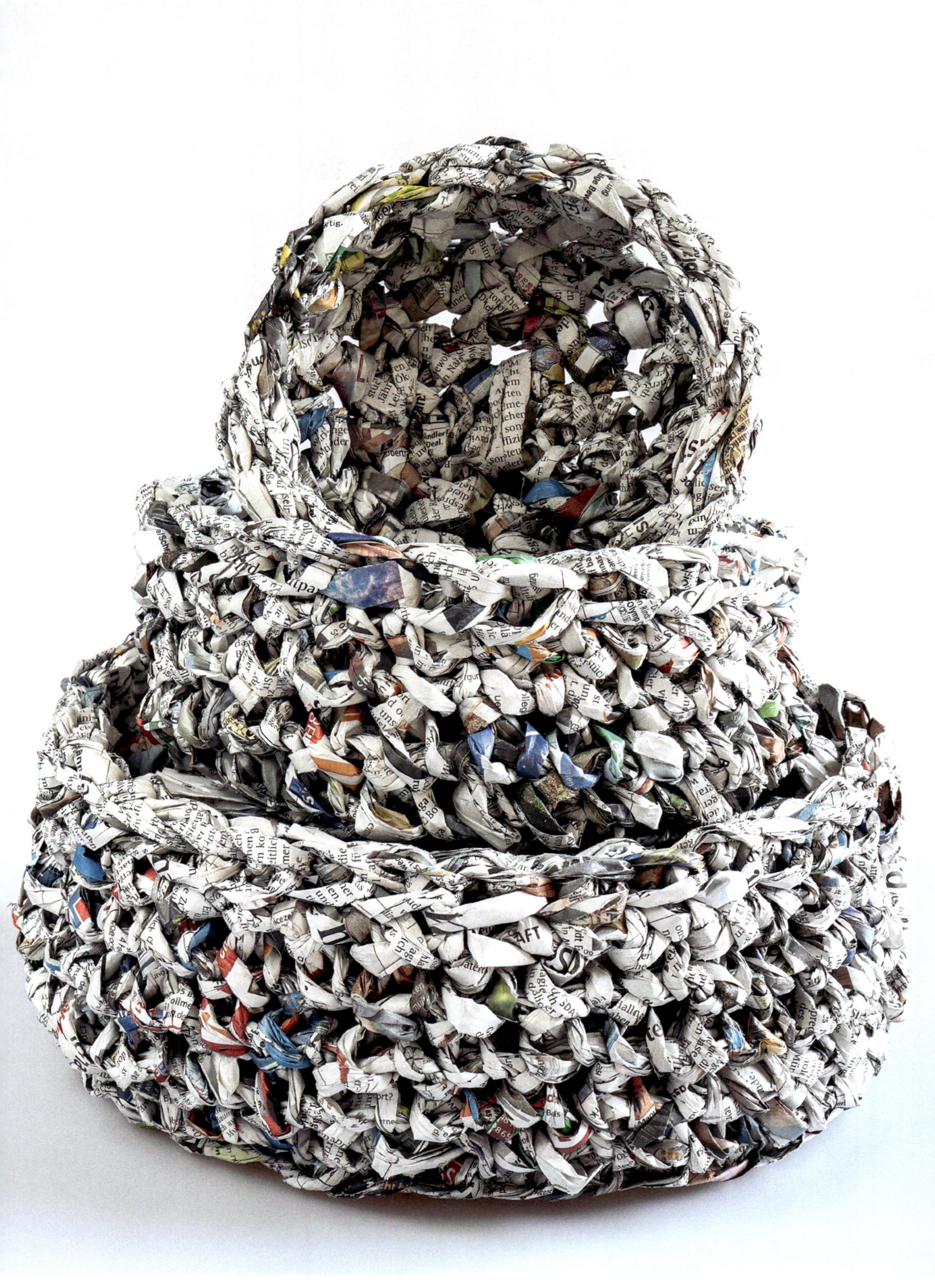

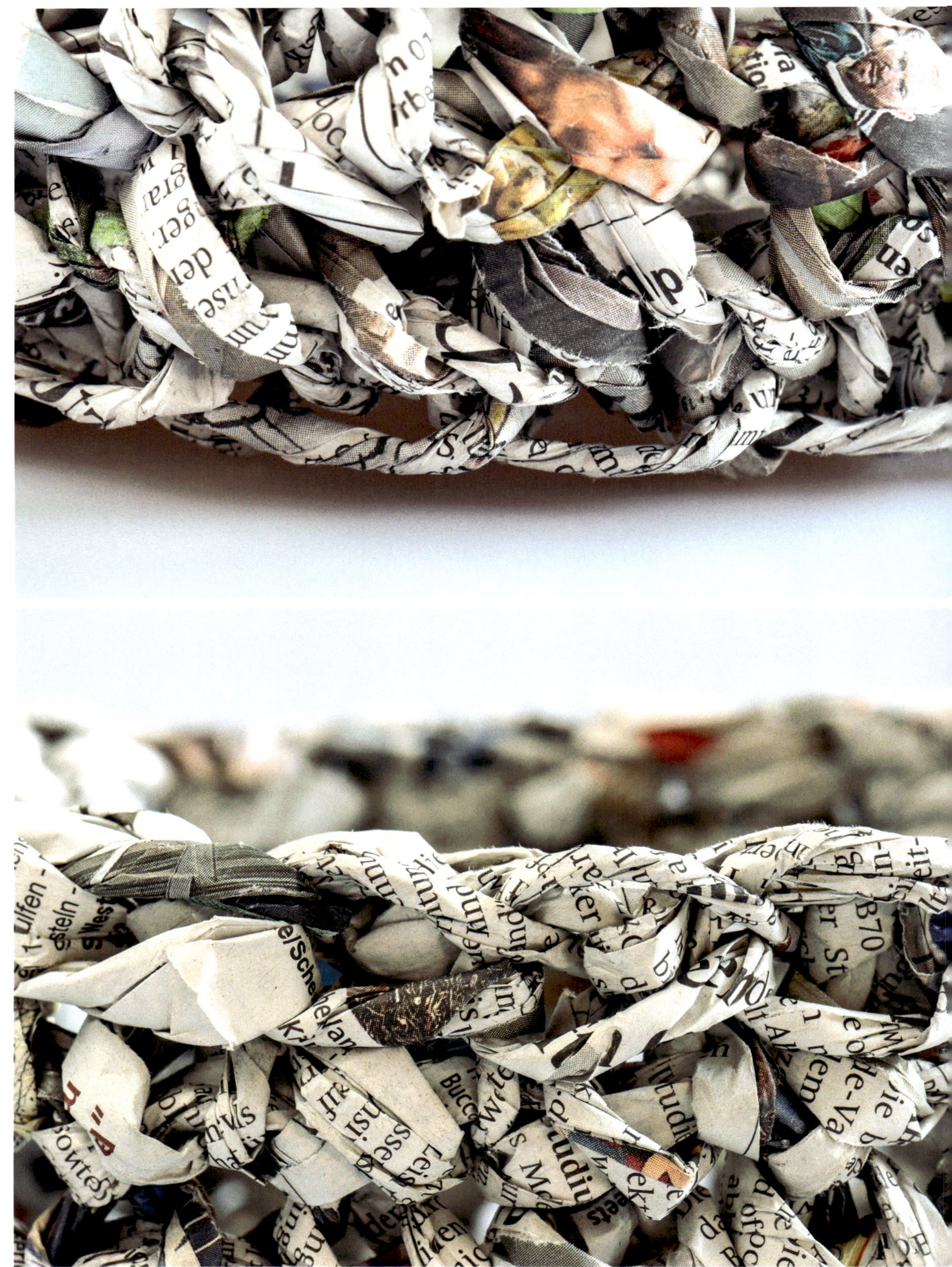

MINI-KÖRBCHEN (ø: 16 cm, Höhe: 6 cm)

Runde 1
Fadenring mit 6 fM, mit 1 KM zur Runde schließen. Ab jetzt in Spiralen häkeln.

Runde 2
Alle M verdoppeln (= insgesamt 12 fM).

Runde 3
Jede 2. M verdoppeln (= insgesamt 18 fM).

Runde 4
In jede fM der Vorrunde 1 fM, dabei immer in das hintere Maschenglied einstechen (siehe Bild oben).

Runde 5
In jede fM der Vorrunde 1 fM.

Runde 6
Den Rand mit KM verstärken (siehe Bild unten).

Den Faden durch die Schlaufe ziehen, abschneiden, das Ende einweben und das Körbchen in Form ziehen.

- 60 g Zeitungsschnur
- Häkelnadeln in Stärke 15 und 6
- Schere

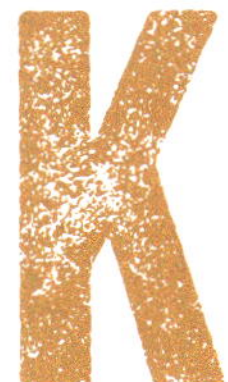

Übrigens: Für die Nutzung als Brotkörbchen legen Sie einfach eine Serviette hinein, so landen die Krümel nicht auf dem Tisch. Wenn Sie gerne schneidern, können Sie aus Stoffresten ein Innenfutter nähen, das zum Waschen herausgenommen werden kann.

01

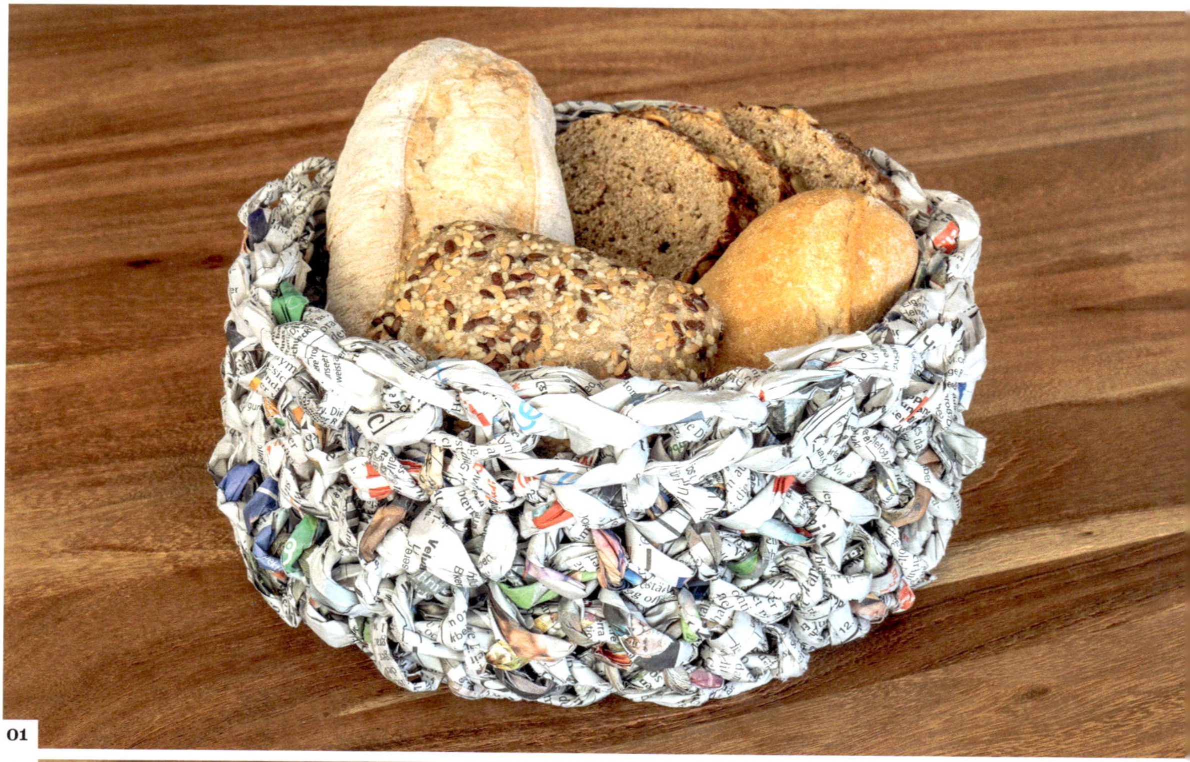

02

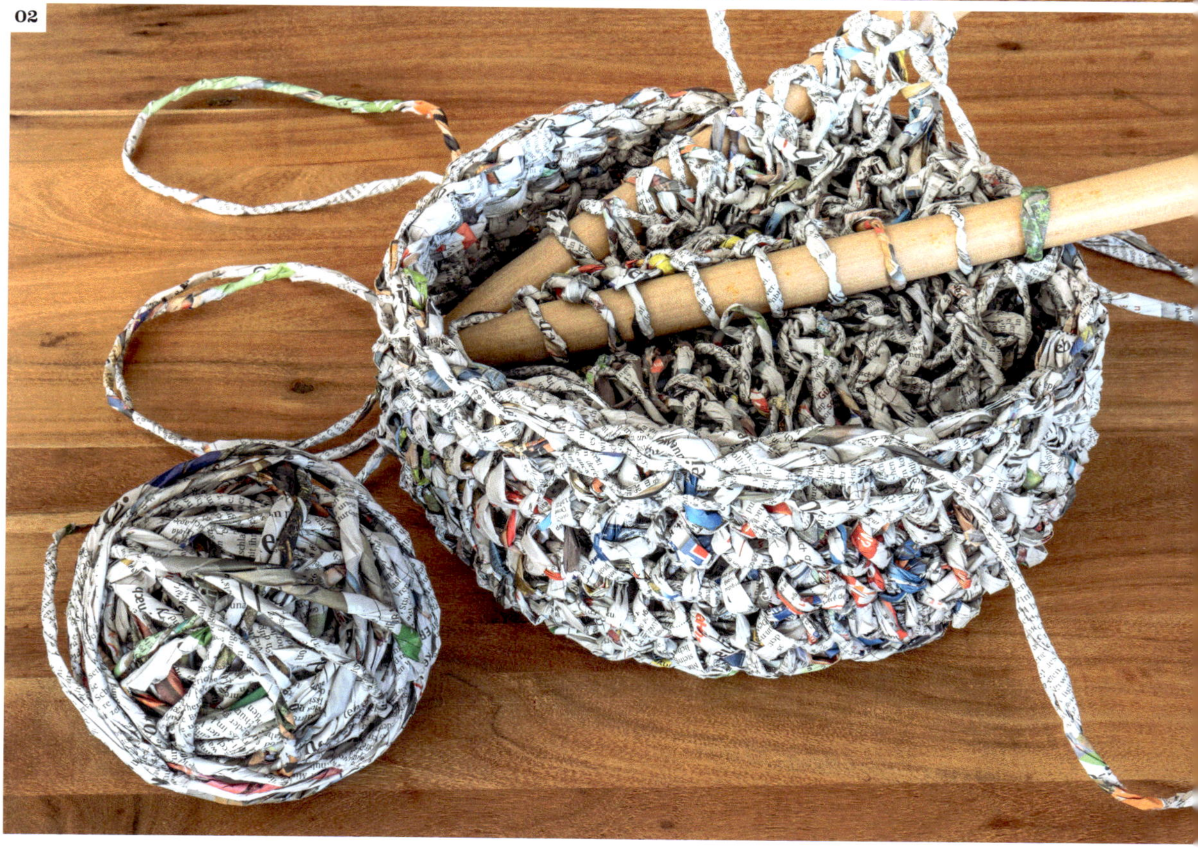

· 110 g Zeitungsschnur

· Häkelnadeln in Stärke 15 und 6

· Schere

MIDI-KÖRBCHEN (01) (ø: 20 cm, Höhe: 9 cm)

Runde 1
Fadenring mit 6 fM, mit 1 KM zur Runde schließen. Ab jetzt in Spiralen häkeln.

Runde 2
Alle M verdoppeln (= insgesamt 12 fM).

Runde 3
Jede 2. M verdoppeln (= insgesamt 18 fM).

Runde 4
Jede 3. M verdoppeln (= insgesamt 24 fM).

Runde 5
In jede fM der Vorrunde 1 fM , dabei immer in das hintere Maschenglied einstechen.

Runde 6–8
In jede fM der Vorrunde 1 fM.

Runde 9
Den Rand mit KM verstärken.

Den Faden durch die Schlaufe ziehen, abschneiden, das Ende einweben und das Körbchen in Form ziehen.

· 200 g Zeitungsschnur

· Häkelnadeln in Stärke 15 und 6

· Schere

MAXI-KÖRBCHEN (02) (ø: 26 cm, Höhe: 12 cm)

Runde 1
Fadenring mit 6 fM, mit 1 KM zur Runde schließen. Ab jetzt in Spiralen häkeln.

Runde 2
Alle M verdoppeln (= insgesamt 12 fM).

Runde 3
Jede 2. M verdoppeln (= insgesamt 18 fM).

Runde 4
Jede 3. M verdoppeln (= insgesamt 24 fM).

Runde 5
Jede 4. M verdoppeln (= insgesamt 30 fM).

Runde 6
In jede fM der Vorrunde 1 fM, dabei immer in das hintere Maschenglied einstechen.

Runde 7–9
In jede fM der Vorrunde 1 fM.

Runde 10
Den Rand mit KM verstärken.

Den Faden durch die Schlaufe ziehen, abschneiden, das Ende einweben und das Körbchen in Form ziehen.

FLASCHEN WIEGE (LÄNGE: 36 CM, BREITE: 18 CM, HÖHE: 8 CM)

Diese Idee ist zufällig beim Häkeln der Tasche von Seite 112–115 entstanden, denn der Anfang ist bei beiden Projekten gleich. Wem auch immer Sie eine gute Flasche Wein schenken möchten – schöner kann man sie kaum überreichen.

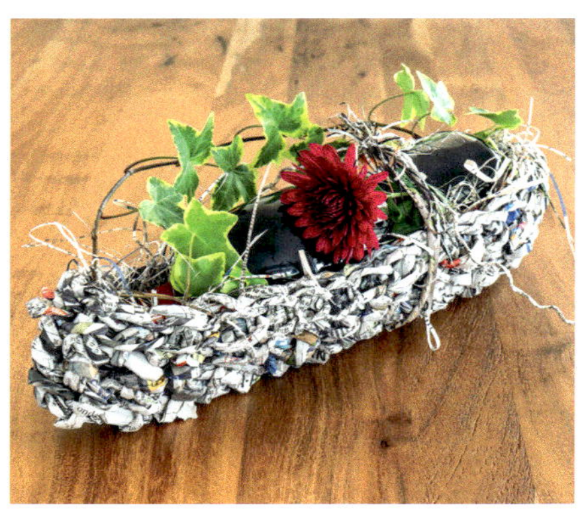

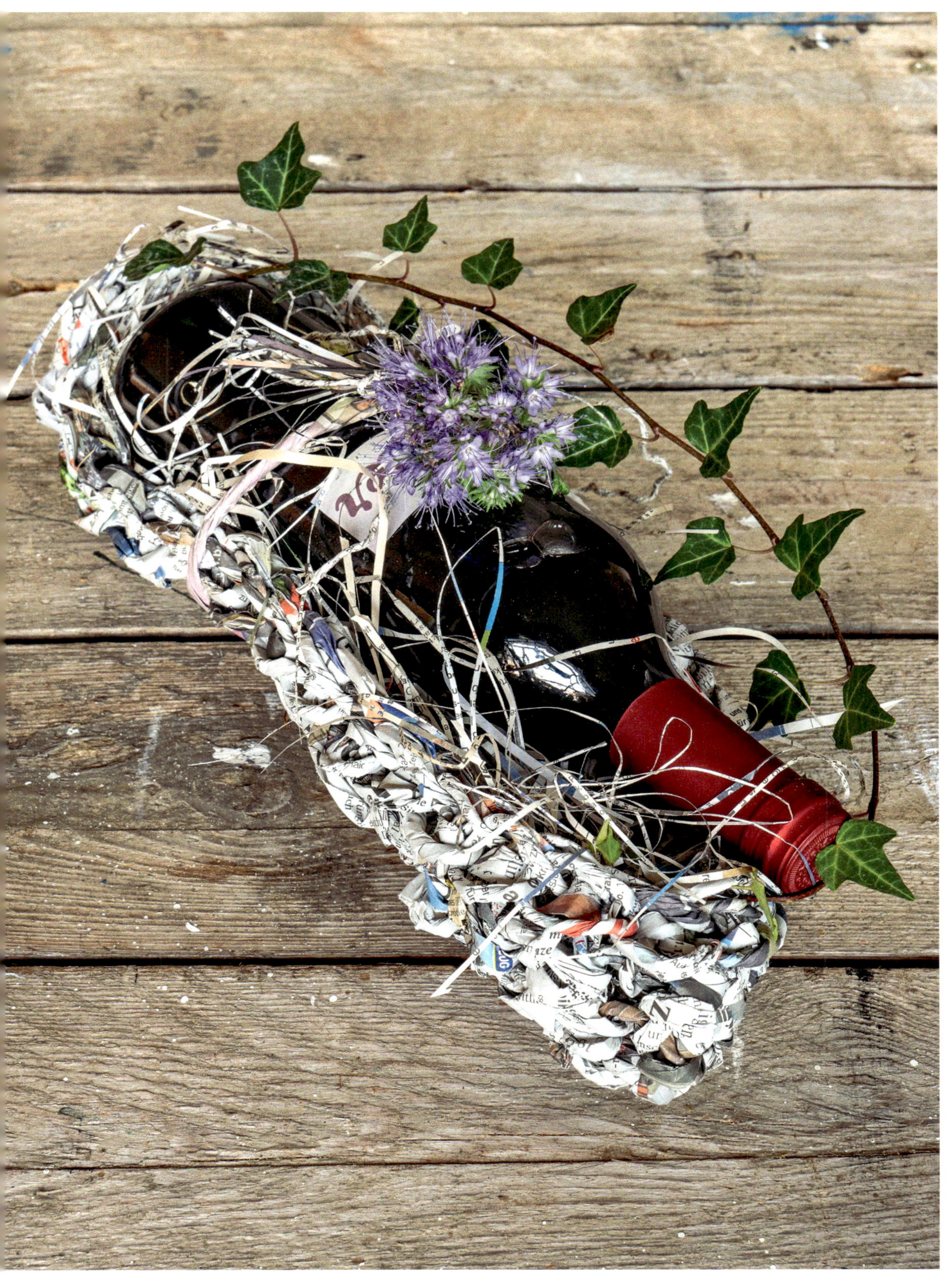

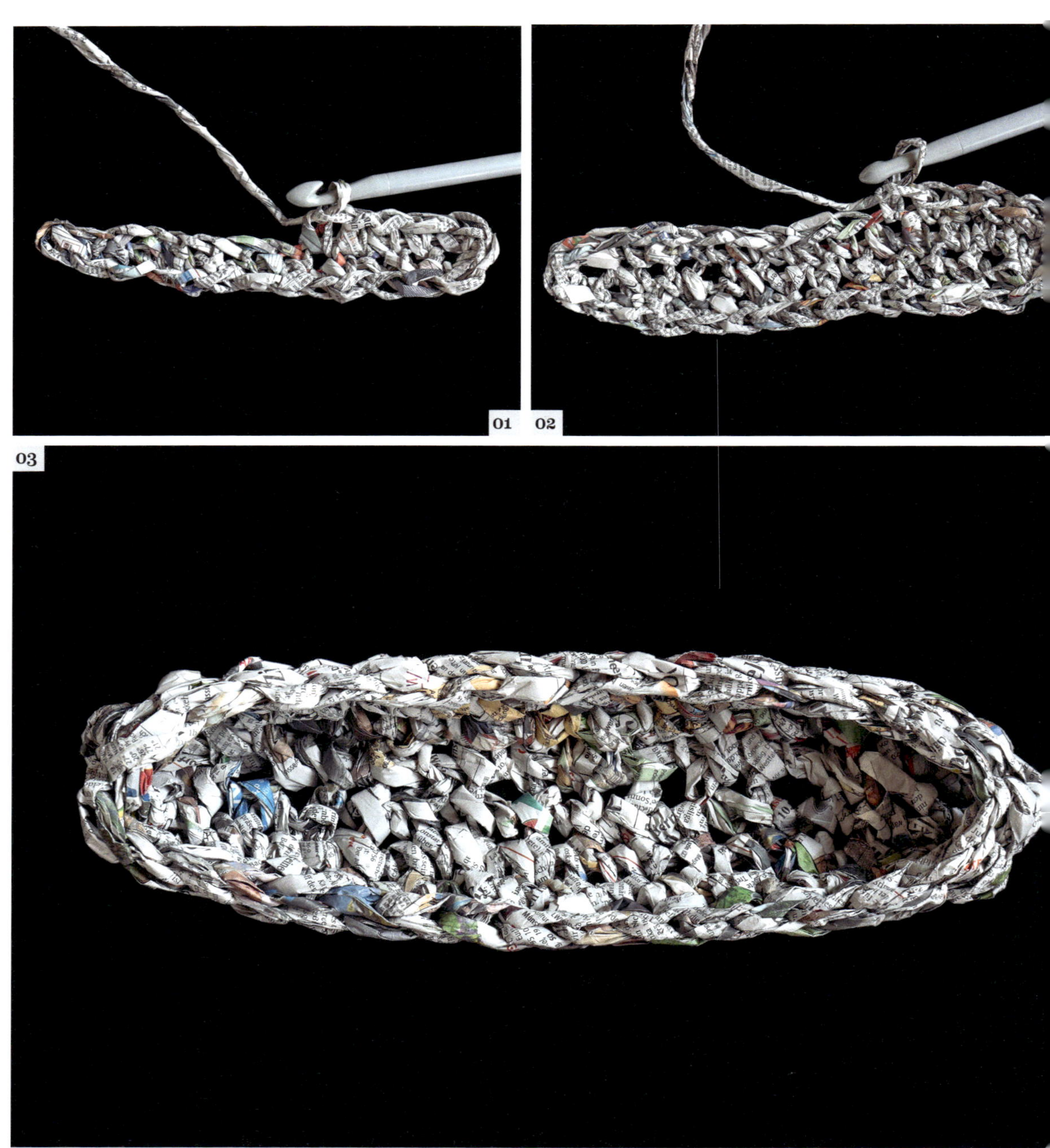
01
02
03

15 LM und 1 Randmasche anschlagen.

Runde 1

13 fM, 3 fM in die 14. LM, die Arbeit drehen und an der Unterseite der Luftmaschenkette 14 fM zurückhäkeln **(01)**, 3 fM in die 1. LM, mit 1 KM zur Runde schließen **(02)**.

Runde 2–3

fM in Spiralen **(02)**.

Runde 4

Den Rand mit KM verstärken **(03)**.

Den Faden durch die Schlaufe ziehen, abschneiden, das Ende einweben und die Flaschenwiege in Form ziehen.

Fertigstellung

Mit der Schneidemaschine oder einer Schere sehr dünne Streifen aus Zeitungspapier zuschneiden und die Flaschenwiege damit auspolstern. Die Weinflasche hineinbetten, alles mit Zeitungsschnur oder -garn umwickeln und nach Wunsch dekorieren (siehe S. 109). Voilà.

· 150 g Zeitungsschnur

· Häkelnadeln in Stärke 15 und 6

· Schere

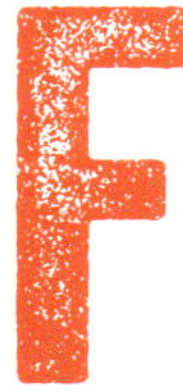

Wenn Sie eine andere Größe anfertigen möchten, können Sie die Anzahl der Luftmaschen beliebig reduzieren oder erhöhen.

UMHÄNGE TASCHE (BREITE: 38 CM, HÖHE: 32 CM)

Lästige Wartezeiten, etwa beim Friseur oder Zahnarzt, lassen sich gut mit Handarbeiten überbrücken. Wie wäre es zum Beispiel mit dieser ausgefallenen Projekttasche? Und falls Sie sich Sorgen machen, dass sie einem Regenguss nicht standhält, lesen Sie bitte noch einmal auf Seite 17 nach.

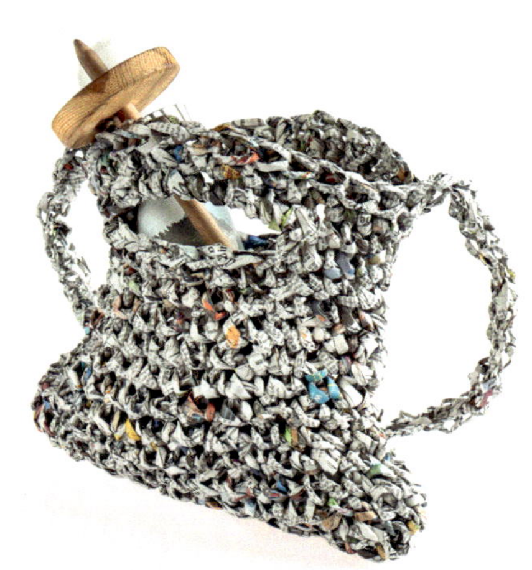

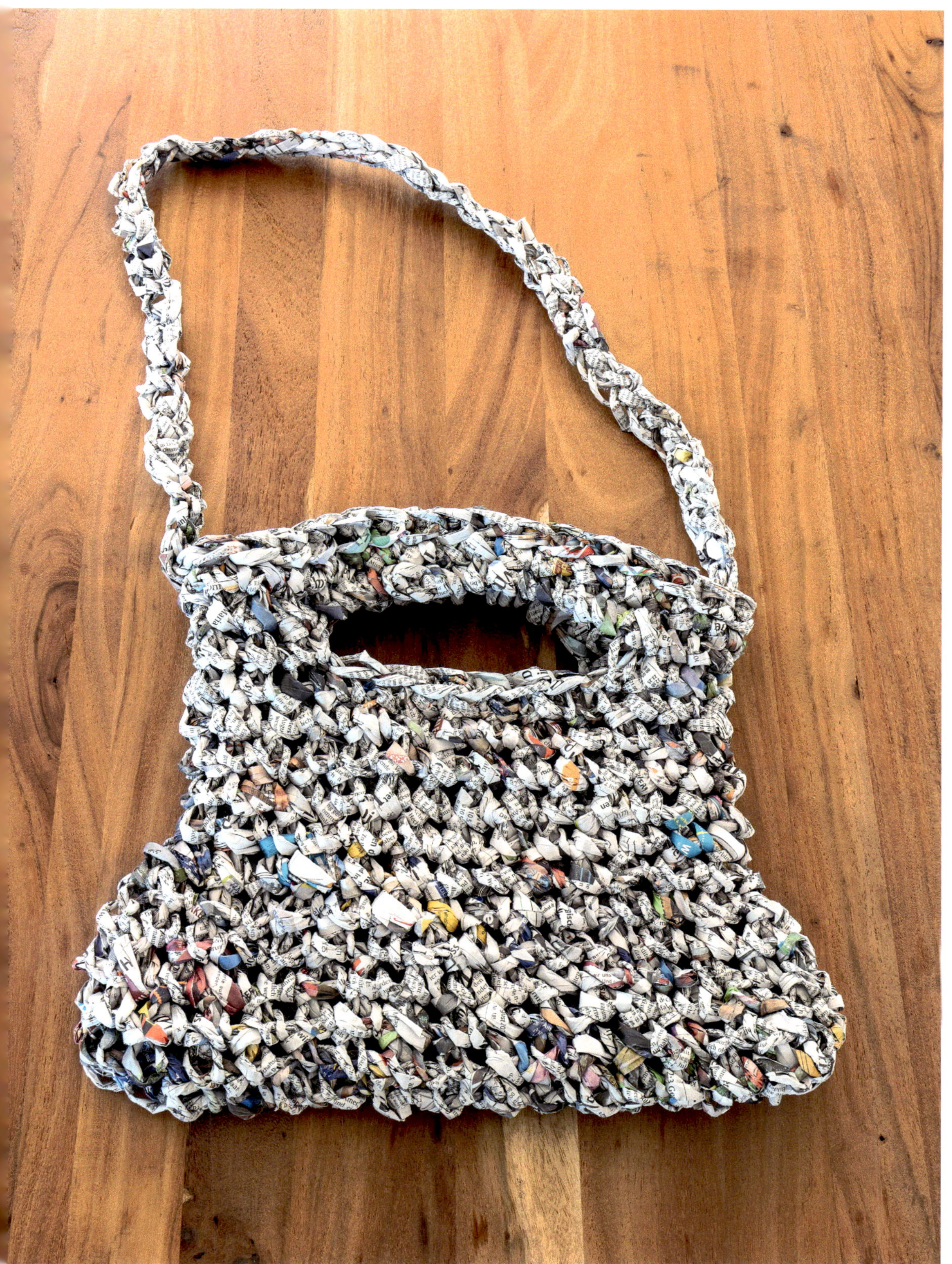

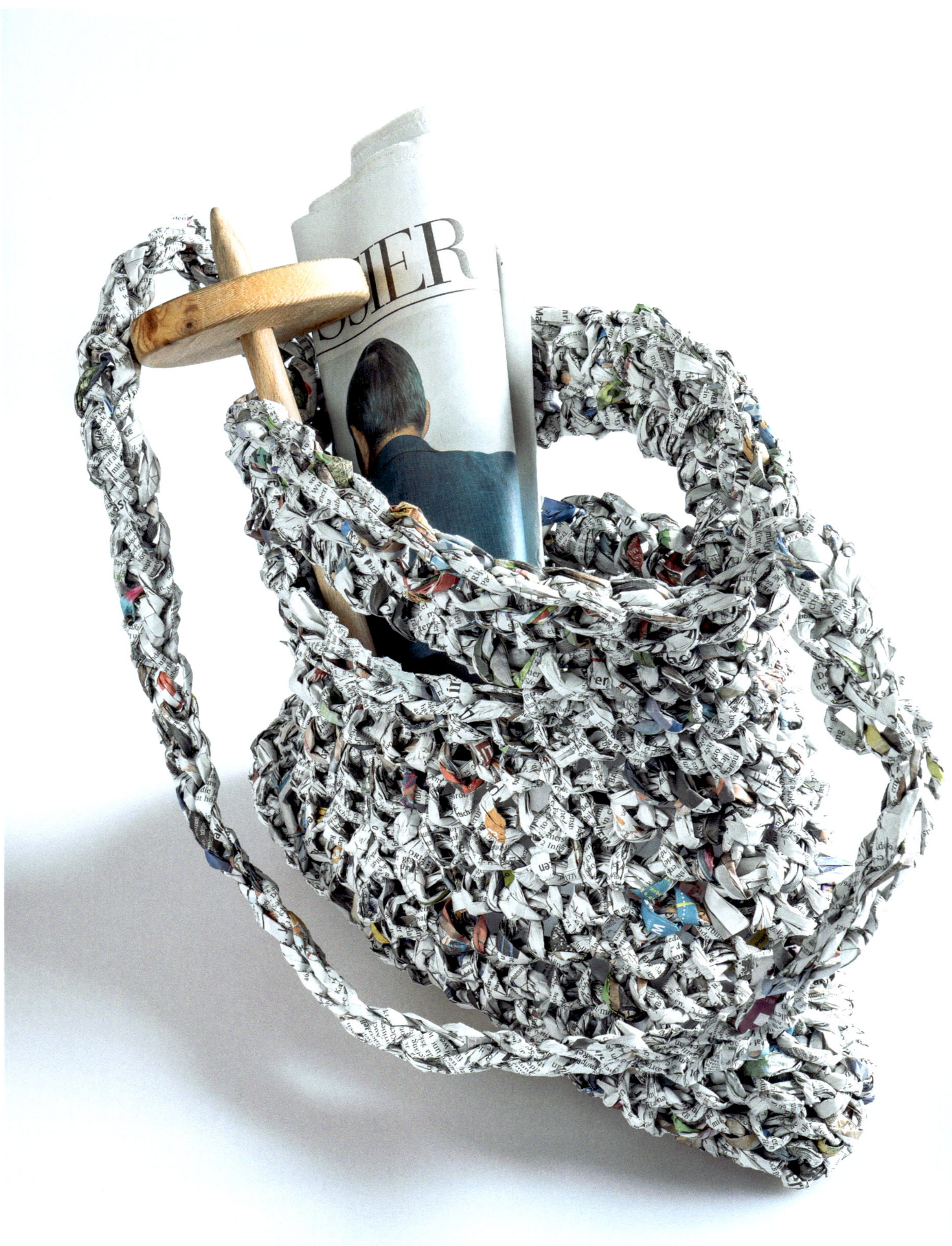

15 LM und 1 Randmasche anschlagen.

Runde 1–3
Siehe Anleitung und Fotos für die Flaschenwiege, Seite 110–111.

Runde 4
fM.

Runde 5–6
fM, dabei in jeder Runde an beiden Seiten jeweils die äußere Randmasche überspringen.

Runde 7–10
fM.

Runde 11
fM, dabei an Vorder- und Rückseite jeweils die mittleren 6 fM überspringen und stattdessen jeweils 10 LM für die Griffe häkeln.

Runde 12
fM, dabei die LM der Vorrunde mit 10 fM umhäkeln.

Runde 13
fM.

Runde 14
Den Rand komplett mit KM verstärken.

Schultergurt
An einer Seite oben eine Luftmaschenkette in der gewünschten Länge anhäkeln. Hier sind das 55 LM für eine Gurtlänge von 90 cm. Die letzte Masche mit 1 KM an der gegenüberliegenden Taschenseite fixieren, ohne den Gurt zu verdrehen. Den Gurt mit KM verstärken; bei der letzten KM die Taschenkante mitfassen. Den Faden durch die Schlaufe ziehen, abschneiden, das Ende einweben und die Tasche in Form ziehen.

· 300 g Zeitungsschnur

· Häkelnadeln in Stärke 15 und 6

· Schere

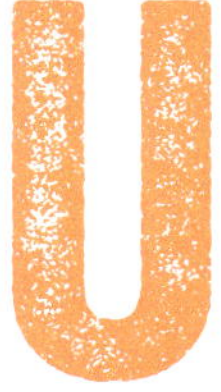

Bringen Sie Ihre Mitmenschen mit diesem echten Statement für Wiederverwertung zum Staunen.

XL-HENKEL TASCHE
(HÖHE: 35 CM, BODEN: 22 X 40 CM)

Spielsachen, Wollvorräte, Kuscheldecke – was auch immer auf die Schnelle aus dem Sichtfeld verschwinden soll, findet hier Platz. Und wenn Sie mit dieser «Papiertasche» der etwas anderen Art durch die Stadt gehen, sind Ihnen die bewundernden Blicke Ihrer Mitmenschen sicher.

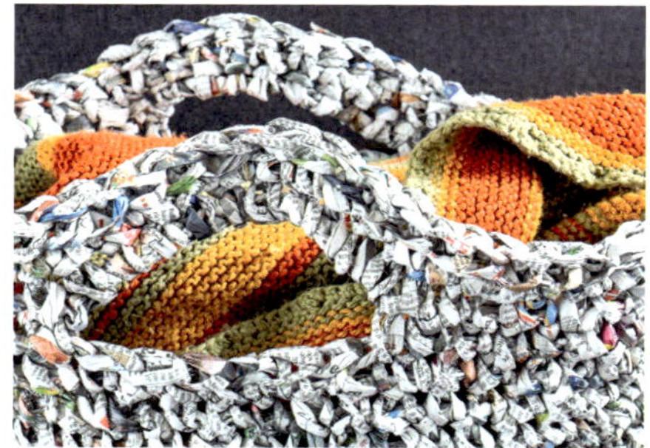

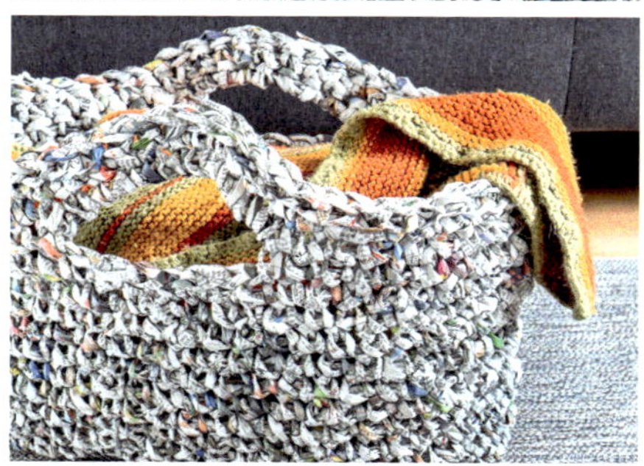

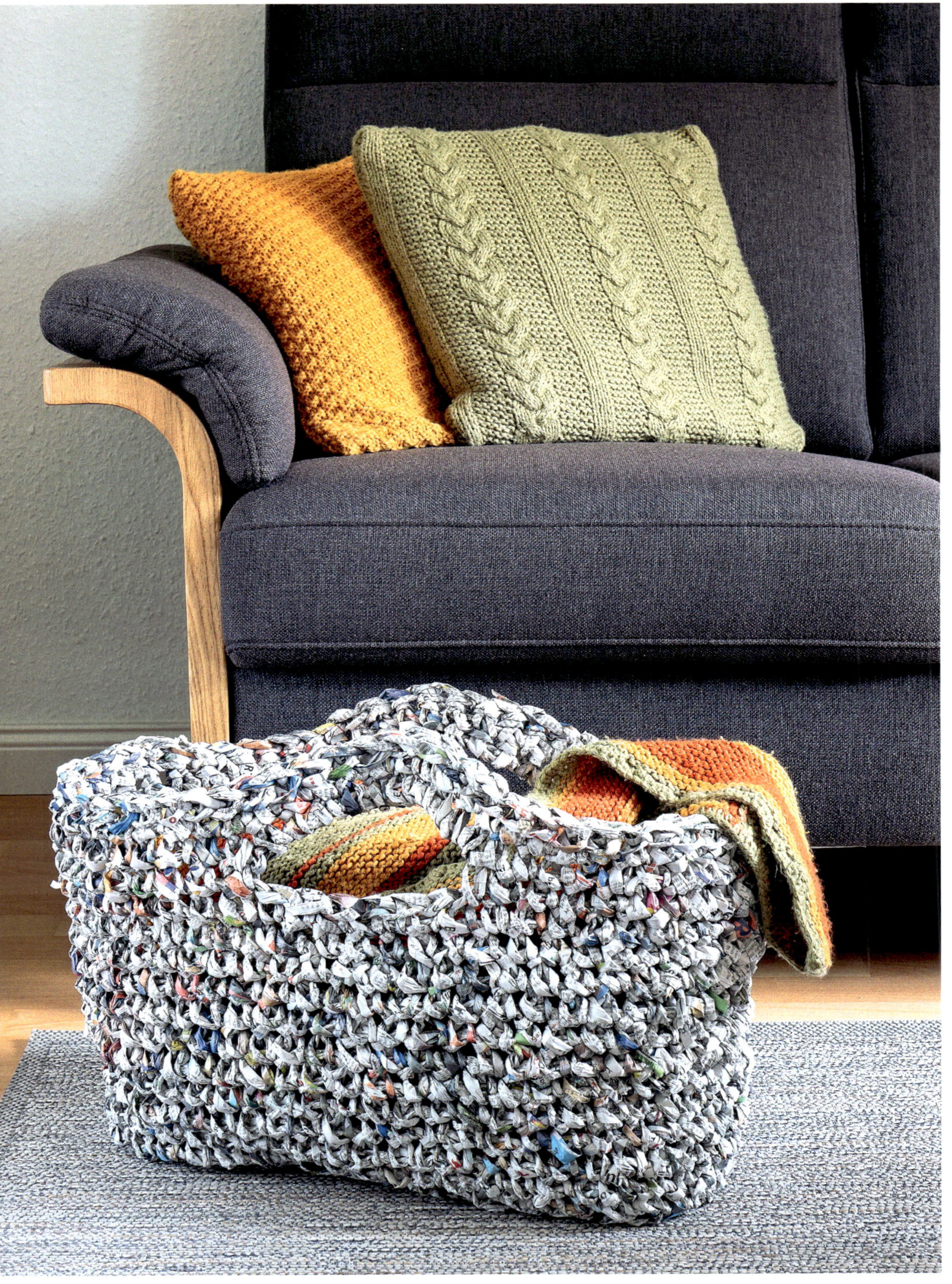

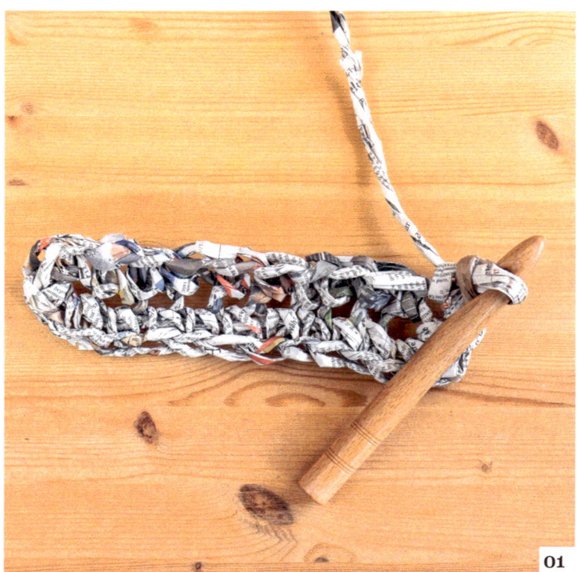

01

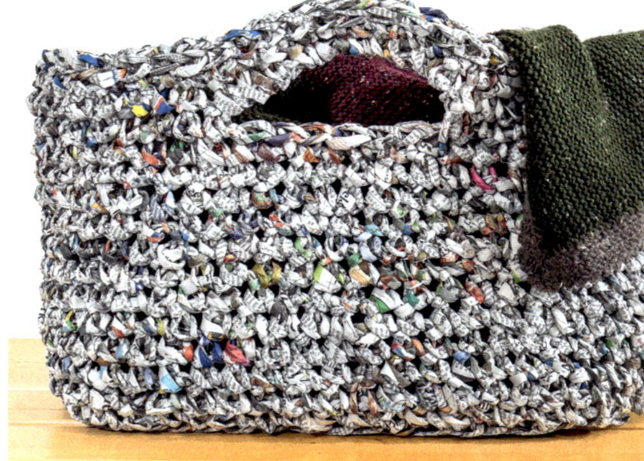

02

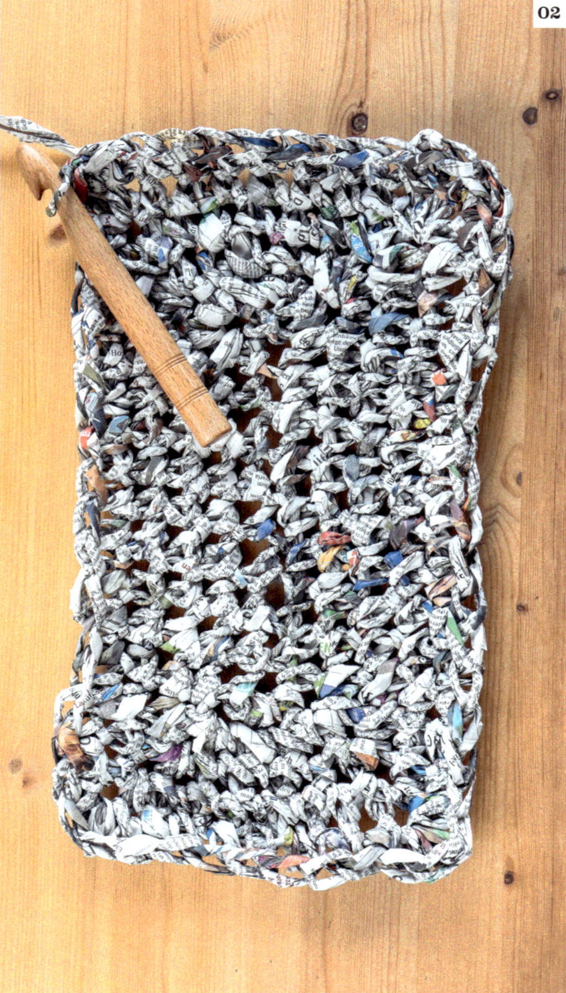

Bereit für den Stadtbummel

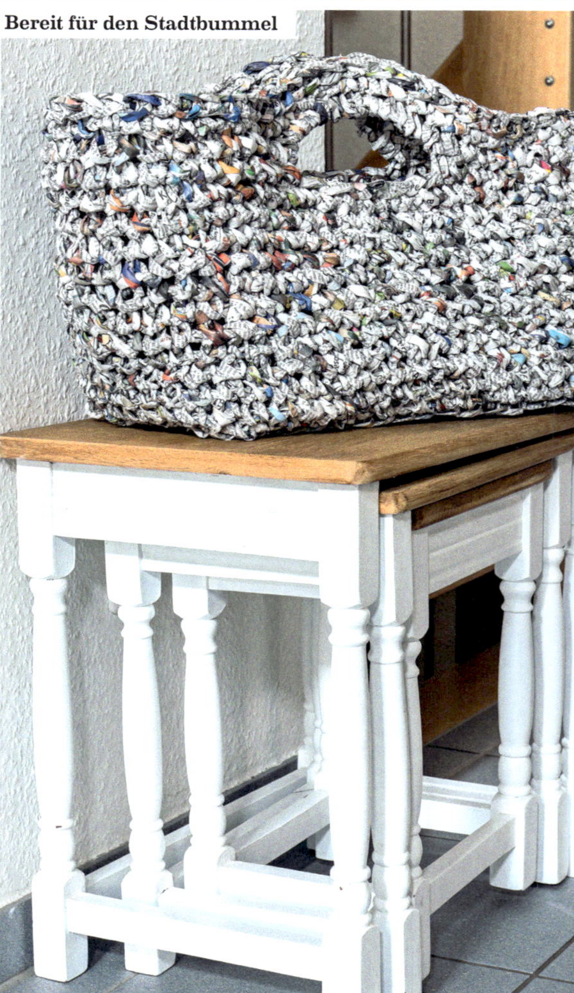

10 LM und 1 Wendemasche anschlagen.

Runde 1

9 fM, 4 fM in die letzte LM. Die erste und letzte dieser 4 fM bilden die Ecken, die mittleren 2 fM eine Schmalseite der Tasche. Die Arbeit drehen **(01)**, an der Unterseite der Luftmaschenkette 9 fM zurückhäkeln, 4 fM in die erste LM, mit 1 KM zur Runde schließen. Ab jetzt wird in Spiralen gehäkelt.

Runde 2

fM, in die 1. und 10., 13. und 22. Masche der Vorrunde jeweils 3 fM für die Ecken häkeln. Die Ecken flach drücken und in Form ziehen, sodass ein Rechteck entsteht.

Runde 3–4

fM, jeweils in die mittlere der 3 Eckmaschen 3 fM für die Ecken. Den Boden in Form ziehen und flach drücken **(02)**.

Runde 5

fM, dabei jeweils nur in das hintere Maschenglied einstechen.

Runde 6–15

fM.

Runde 16

fM, die mittleren 7 fM an der Vorder- und Rückseite der Tasche überspringen und stattdessen jeweils 10 LM für die Griffe häkeln.

Runde 17

fM, dabei die Luftmaschenkette der Vorrunde mit 10 fM umhäkeln.

Runde 18

fM.

Runde 19

Den Rand mit KM stabilisieren, den Faden durch die Schlaufe ziehen, abschneiden und das Ende einweben.

· 650 g Zeitungsschnur

· Häkelnadeln in Stärke 15 und 6

· Schere

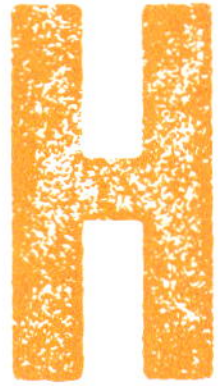

Die Tasche hält eine Menge aus, wobei Sie von einem Großeinkauf doch lieber absehen sollten.

TÜR KRANZ

Runde Objekte wirken harmonisch und kommen an der Haustür, einer Zimmerwand oder auf dem Tisch besonders gut zur Geltung. Vielleicht haben Sie noch irgendwo einen bereits ausrangierten Kranz aus Stroh oder Styropor, den Sie mit Zeitungsschnur verschönern möchten. Mit Kerzen und ein wenig Weihnachtsdeko lässt er sich im Nu in einen nachhaltigen Adventskranz verwandeln.

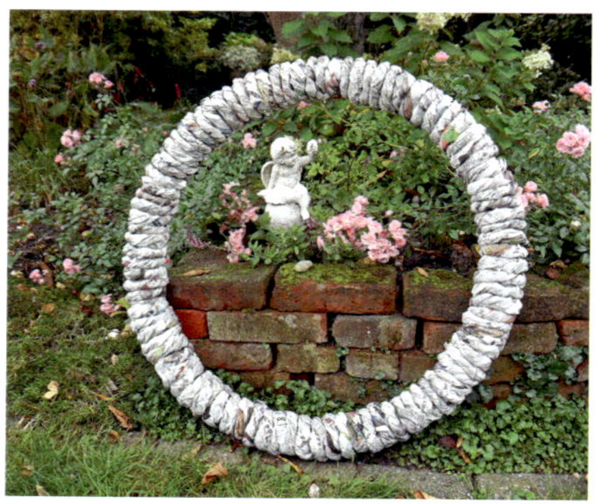

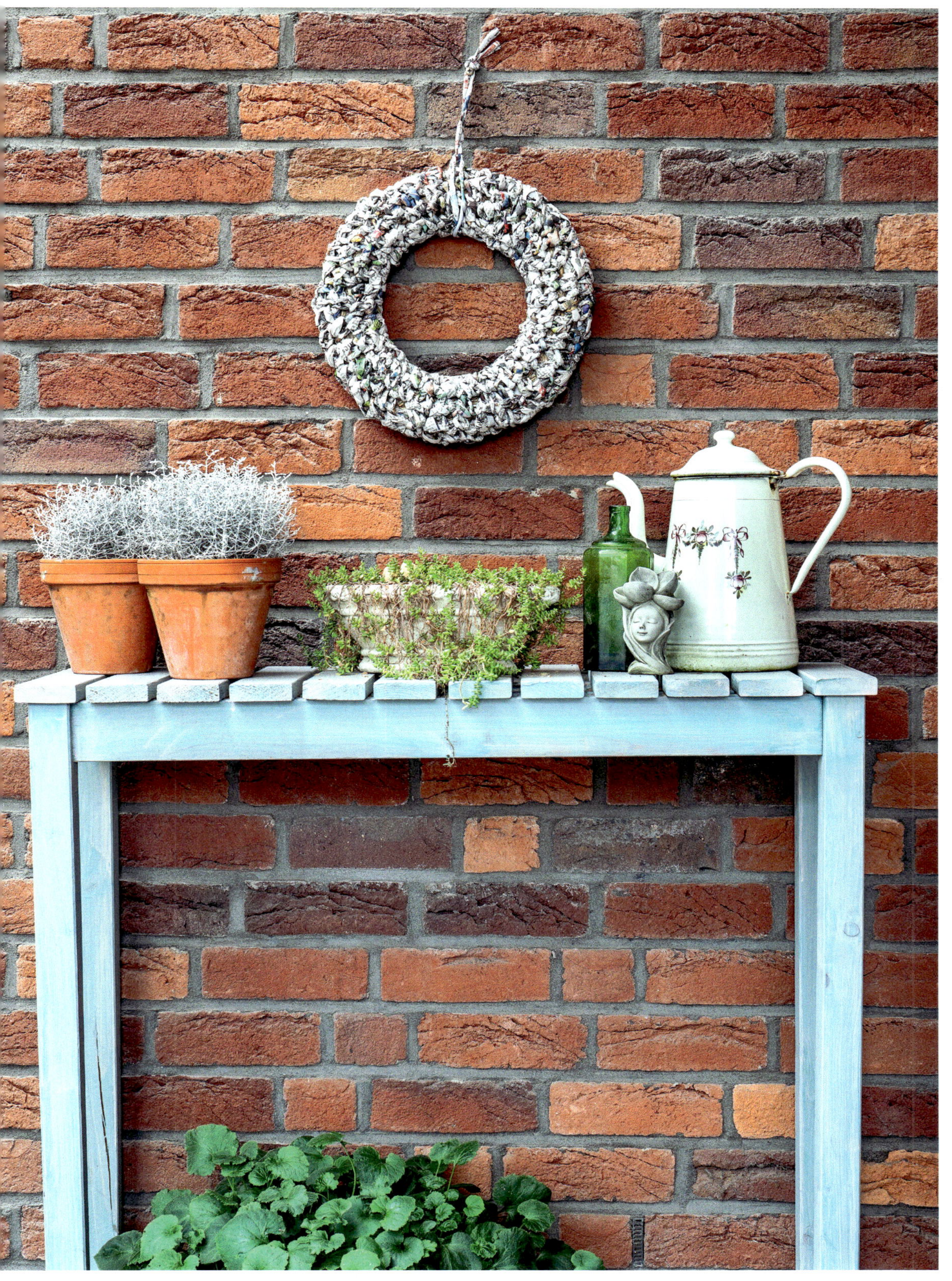

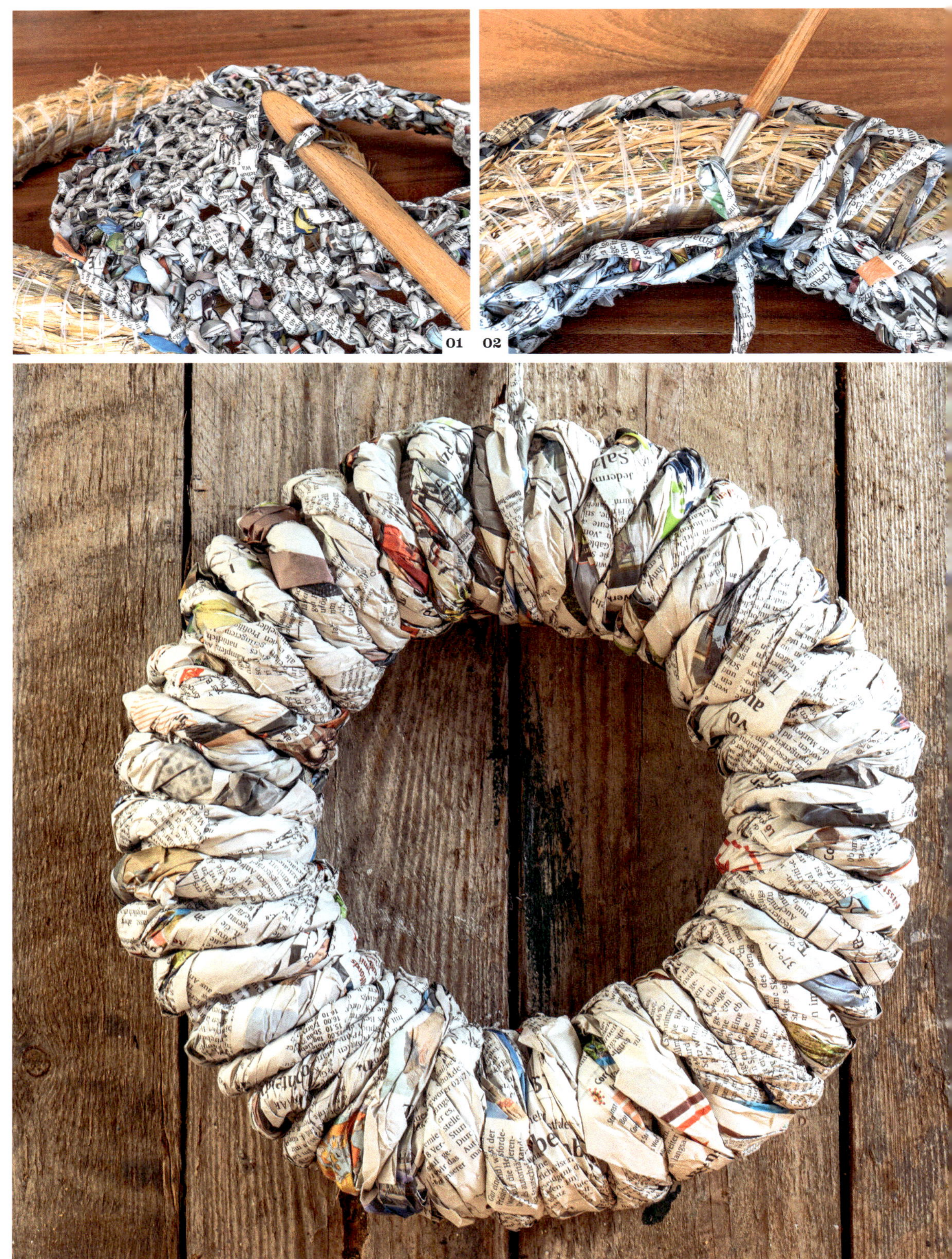

Umwickelt mit Zeitungsseil – auch so ist der Kranz ein echter Hingucker.

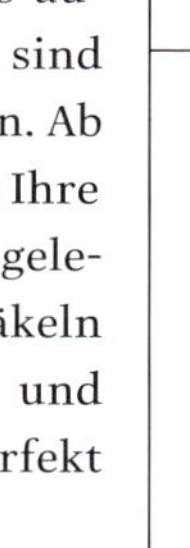

- **200 g Zeitungsschnur**
- **Strohkranz (Römer), ø: 30 cm**
- **Häkelnadeln in Stärke 15 und 6**
- **Schere**
- **Evtl. Sisalband**

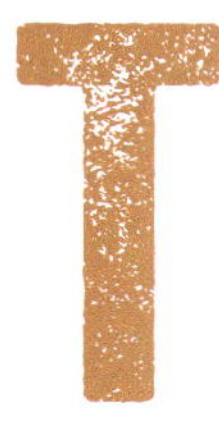

Eine Luftmaschenkette in der Länge des äußeren Kranzumfangs anschlagen (hier sind das 42 LM), mit 1 KM zur Runde schließen. Ab jetzt wird in Spiralen gehäkelt. Legen Sie Ihre Arbeit zum Überprüfen der Passform gelegentlich über den Kranz **(01)**. Beim Häkeln entsteht bereits eine leichte Rundung, und Sie stellen sicher, dass hinterher alles perfekt passt.

Runde 1

fM.

Runde 2

fM, jede 10. M überspringen.

Runde 3

fM, jede 5. M überspringen.

Runde 4

fM, jede 4. M überspringen.

Runde 5–6

fM, mit 1 KM zur Runde schließen, den Faden durch die Schlaufe ziehen, abschneiden und das Ende einweben.

Fertigstellung

(02) Legen Sie den Kranz mit der flachen Seite nach unten auf den Tisch. Das Häkelstück gleichmäßig um den Kranz legen und in Form ziehen. Den Kranz umdrehen und das «Häkelkleid» an den Kanten mit der dünnen Häkelnadel zickzackförmig verschnüren – entweder mit Zeitungsschnur oder Sisalschnur (damit geht es besonders leicht). Die Schnur schön straff ziehen, sodass das «Kleid» sich geschmeidig um den Kranz legt. Zum Schluss eine Schlaufe aus Zeitungsschnur oder Sisal zum Aufhängen anbringen.

AUS ALT WIRD SCHÖN – UPCYCLING

Ihre Blumentöpfe sind in die Jahre gekommen und gefallen Ihnen nicht mehr? Ihre Steh- und Tischleuchten haben ihre besten Zeiten hinter sich und sind ausgeblichen oder vergilbt? Retten Sie ausrangierte Einrichtungsgegenstände vor der Entsorgung, und hauchen Sie Ihnen neues Leben ein! Wie das geht, zeige ich Ihnen beispielhaft an einem Blumentopf und einem Lampenschirm. Nach demselben Prinzip können Sie praktisch alles verschönern, was Ihnen in die Hände fällt, von der Bodenvase bis zum Schirmständer. Für den Anfang empfehle ich einen zylinderförmigen oder sich nur leicht nach unten verjüngenden Gegenstand.

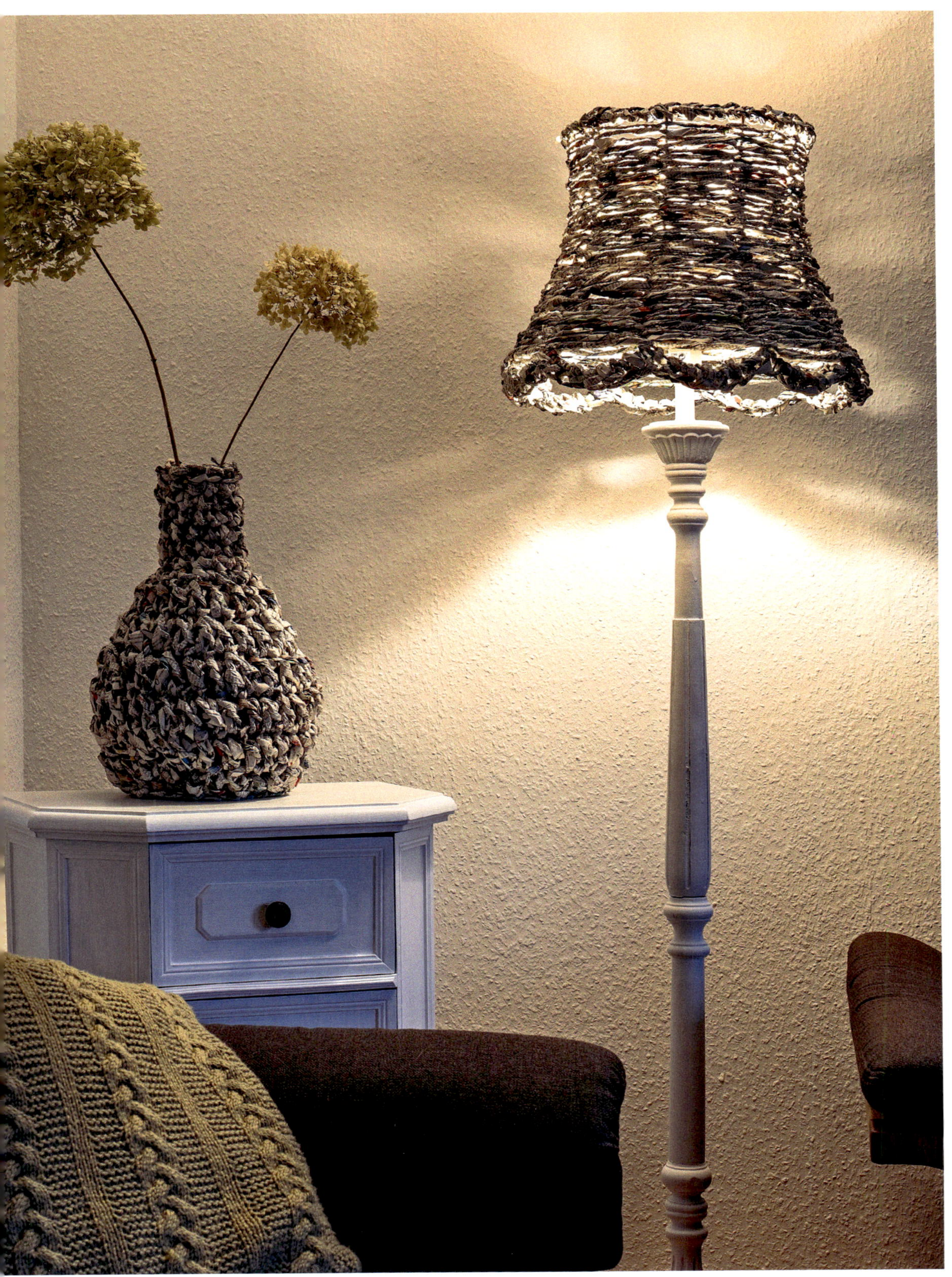

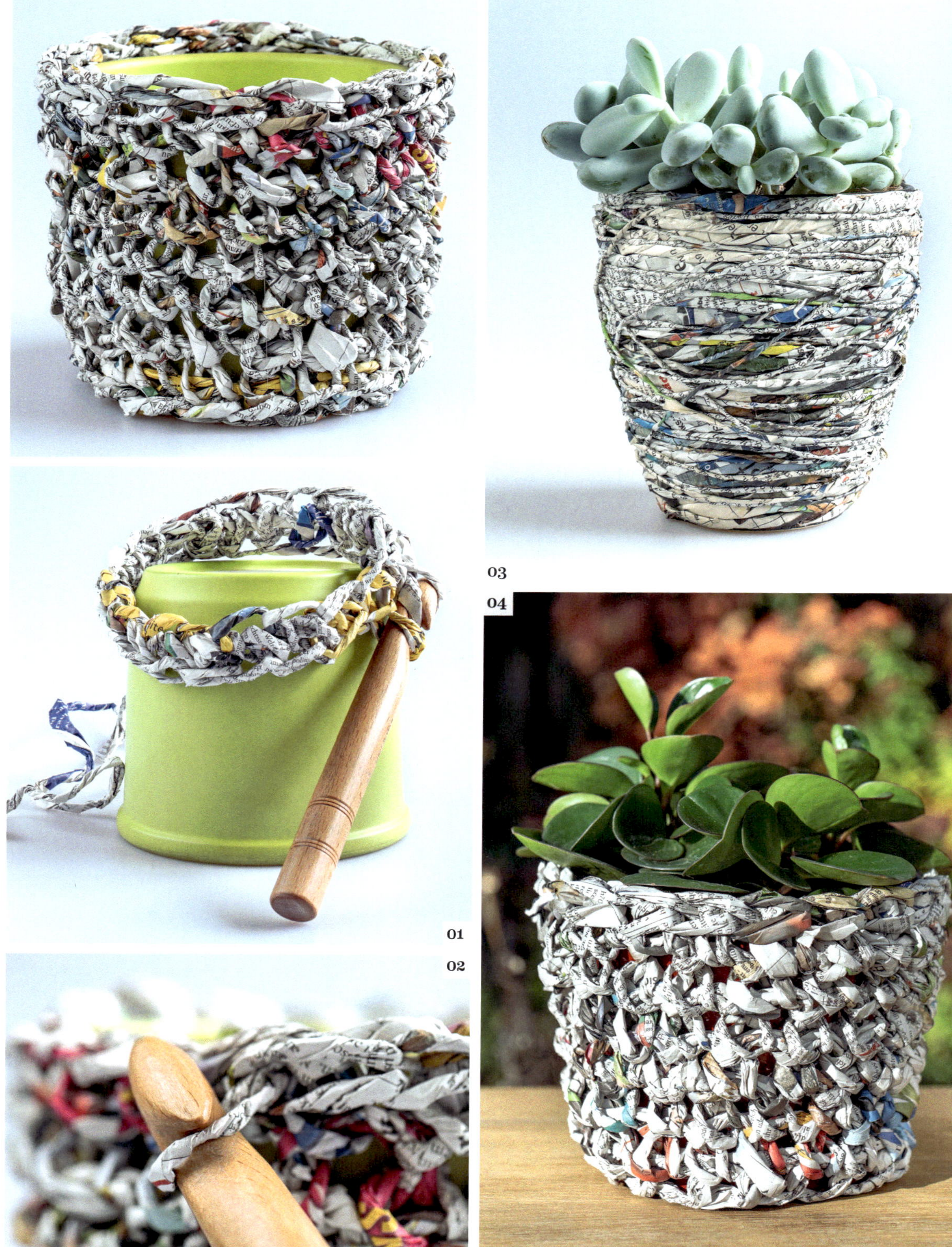

01
02
03
04

BLUMENTOPFMANSCHETTE

Häkeln Sie eine Luftmaschenkette, die genau um den unteren Rand des Blumentopfes passt, mit 1 KM zur Runde schließen **(01)**. Die Hülle sollte nicht zu locker sitzen, sie weitet sich später noch ein wenig. Ab jetzt mit fM in Spiralen häkeln. Wenn der Topf oben den gleichen Umfang hat wie unten, bleibt die Maschenzahl gleich. Weitet sich der Topf nach oben, müssen Sie nach einigen Spiralrunden eine, später vielleicht noch eine zweite Masche verdoppeln. Wenn Sie die Manschette regelmäßig probeweise über den Topf streifen, bekommen Sie das ganz sicher hin. Den oberen Rand mit KM verstärken, den Faden durch die Schlaufe ziehen, abschneiden und das Ende auf der Innenseite einweben **(02)**.

Variante

(03) Etwas kompakter wirken mit Zeitungsschnur umwickelte Blumen- oder Übertöpfe. Das Papier wird zum Schluss mit Klarlack versiegelt.

· Zeitungsschnur (die Menge ist abhängig von der Größe des Blumentopfs)
· Zylinderförmiger Blumenumtopf
· Häkelnadeln in Stärke 15 und 6

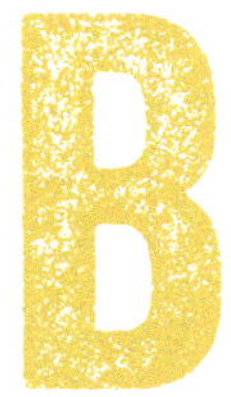

Tipp: Umhäkelte Blumentöpfe können auch vor der Haustür oder auf der Terrasse aufgestellt werden. Die Zeitungsschnur hält im Freien erstaunlich lange (04).

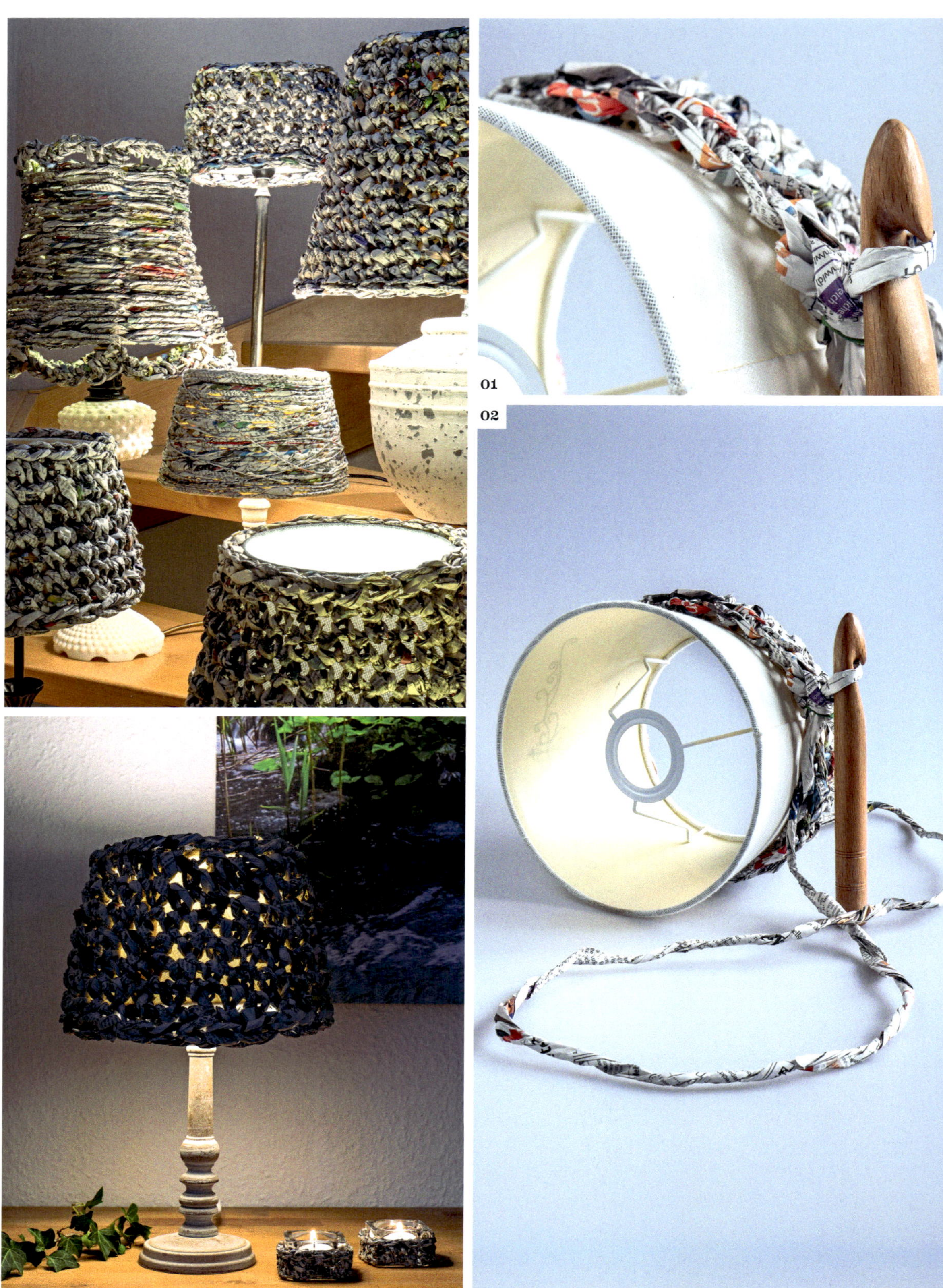

01

02

LAMPENSCHIRM

Funktionstüchtige ausrangierte Leuchten sind oft viel zu schade zum Wegwerfen. Mit einem neuen Kleid aus Zeitungsschnur tauchen sie Räume in ein sehr gemütliches Licht. Wie Sie sehen, habe ich inzwischen einen wahren Fimmel für Lampen entwickelt, und es werden immer mehr. Das passiert, wenn es sich herumspricht, dass man Dinge gerne vor der Mülldeponie rettet. Wir starten mit einer kleinen Tischleuchte.

Häkeln Sie eine Luftmaschenkette, die genau um den oberen Rand des Lampenschirms passt, mit 1 KM zur Runde schließen.

Runde 1

fM, mit 1 KM schließen. Ab jetzt in Spiralen häkeln.

Sollte der Schirm sich wie hier nach unten hin etwas weiten, müssen Sie in der 2. Runde eine Masche verdoppeln. Eine regelmäßige Überprüfung der Passform ist auch hier sehr zu empfehlen **(01+02)**. Sobald der ganze Schirm umhäkelt ist, die letzte Runde mit 1 KM schließen und als Randabschluss eine Runde KM häkeln – möglichst locker, damit der Rand nicht zu eng wird. Streifen Sie Ihr Häkelstück über den Lampenschirm, und ziehen Sie es vorsichtig zurecht.

· Zeitungsschnur (die Menge ist abhängig von der Größe des Lampenschirms)
· Ausrangierte Tischleuchte mit Lampenschirm
· Häkelnadeln in Stärke 15 und 6

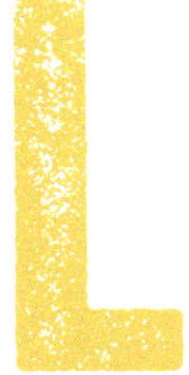

Den oberen Rand ebenfalls mit einer Runde KM umhäkeln. Hier dürfen die Maschen ruhig ein wenig fester ausfallen, damit die Hülle nicht herunterrutscht. Den Faden durch die Schlaufe ziehen, abschneiden und das Ende auf der Innenseite einfädeln.

Falls Ihre Hülle doch zu locker sitzen und rutschen sollte, befestigen Sie sie am oberen Rand mit Alleskleber oder etwas Leim aus der Heißklebepistole am Lampenschirm.

WANDTEPPICH AUS SCHNUR UND SEIL (LÄNGE: 55 CM, BREITE: 65 CM)

Wenn man Zeitungsschnüre verschiedener Stärken miteinander kombiniert, machen die daraus gefertigten Objekte nicht nur optisch etwas her, sondern sind auch besonders stabil. Gerade bei häufig genutzten, praktischen Alltagsgegenständen ist das wichtig, aber auch dekorative Objekte wie dieser Wandteppich profitieren davon. Im Winter schützt eine nach demselben Prinzip gefertigte Fußmatte unter dem Schreibtisch vor kalten Füßen. Das dürfen Sie mir glauben, ich habe damit einige Erfahrung.

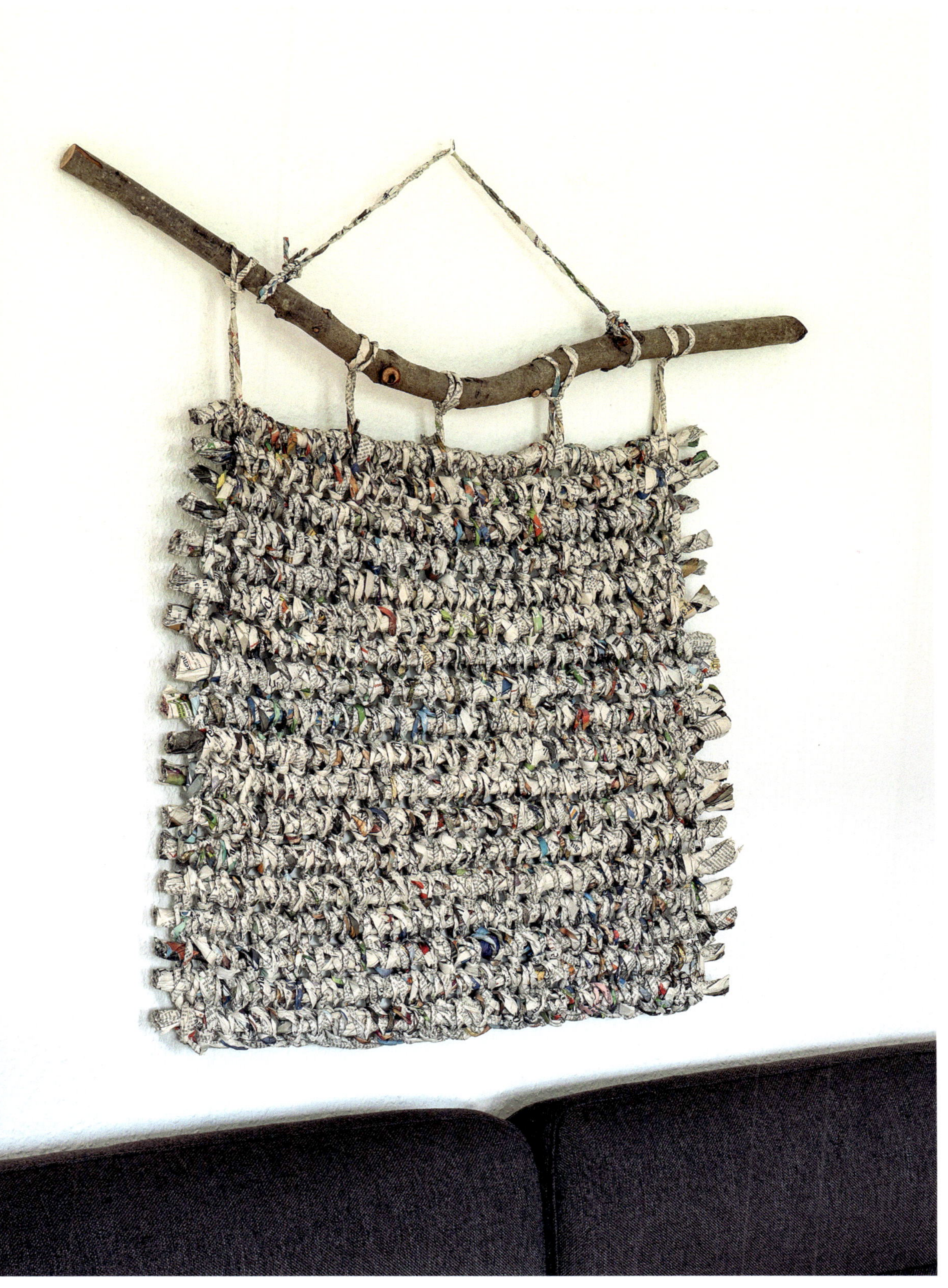

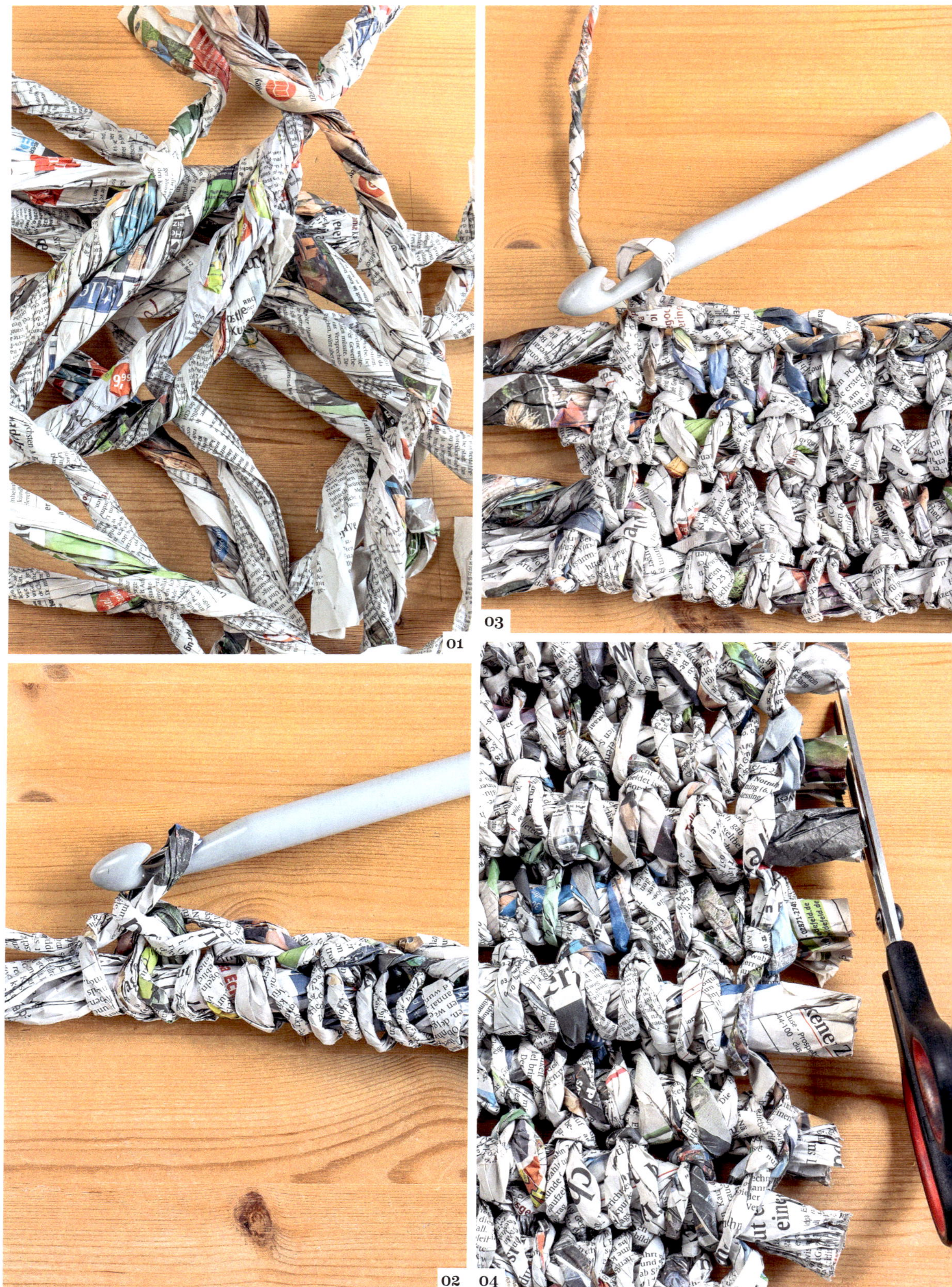
01
02
03
04

Kleben Sie jeweils zwei Seiten Zeitungspapier an den schmalen Enden zusammen, und drehen Sie daraus mit den Händen insgesamt 18 Seilstücke **(01)**.

Es wird in Reihen gehäkelt. Damit der Wandteppich nachher in der Mitte nicht durchhängt, sollten Sie versuchen, möglichst fest zu häkeln. Legen Sie unbedingt Pausen ein, um Ihre Handgelenke nicht zu überlasten.

Reihe 1

1 LM aus Zeitungsschnur anschlagen, diese an das erste Seilstück anlegen, beides zusammen festhalten und das Seil mit 25 fM umhäkeln **(02)**. Zum Schluss der 1. Reihe eine große Wendeluftmasche häkeln und die Arbeit wenden.

Reihe 2–18

Zu Beginn jeder Reihe ein neues Seilstück anlegen und mit 25 fM umhäkeln, zum Schluss jeweils eine große Wendeluftmasche häkeln **(03)**.

Den Faden durch die Schlaufe ziehen, abschneiden, das Ende auf der Rückseite einweben und den Wandteppich in Form ziehen. Die Seilenden etwa 5 cm überstehen lassen und auf gleicher Höhe abschneiden **(04)**.

· 36 einzelne Seiten Zeitungspapier
· 60 m Zeitungsschnur
· 1 dicker Ast oder Holzstab
· Häkelnadeln in Stärke 15 und 6
· Klebestift
· Schere

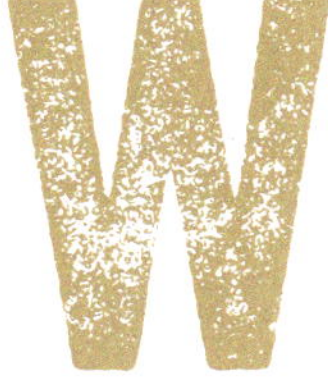

Fertigstellung

Befestigen Sie Ihren Teppich mit 5 Schlaufen aus Zeitungsschnur an einem Stab oder Ast. Ein längeres Stück Schnur rechts und links an den Ast binden und den Wandteppich daran aufhängen.

PAPIER KORB (HÖHE: 24 CM, Ø: 38 CM)

Sollte bei Ihnen eine Katze leben, muss ich Sie warnen. Ich weiß aus sicherer Quelle, dass Stubentiger es sich gerne in Körben aus Zeitungsschnur gemütlich machen. Wenn Sie Ihren Korb also wirklich als Papierkorb nutzen möchten, sollten Sie ihn am besten unter dem Schreibtisch verstecken.

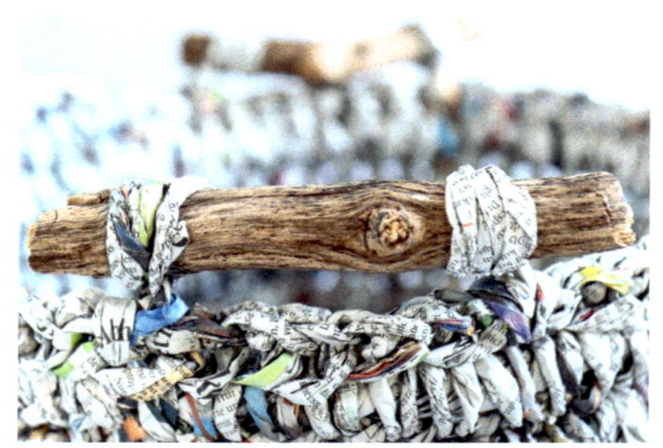

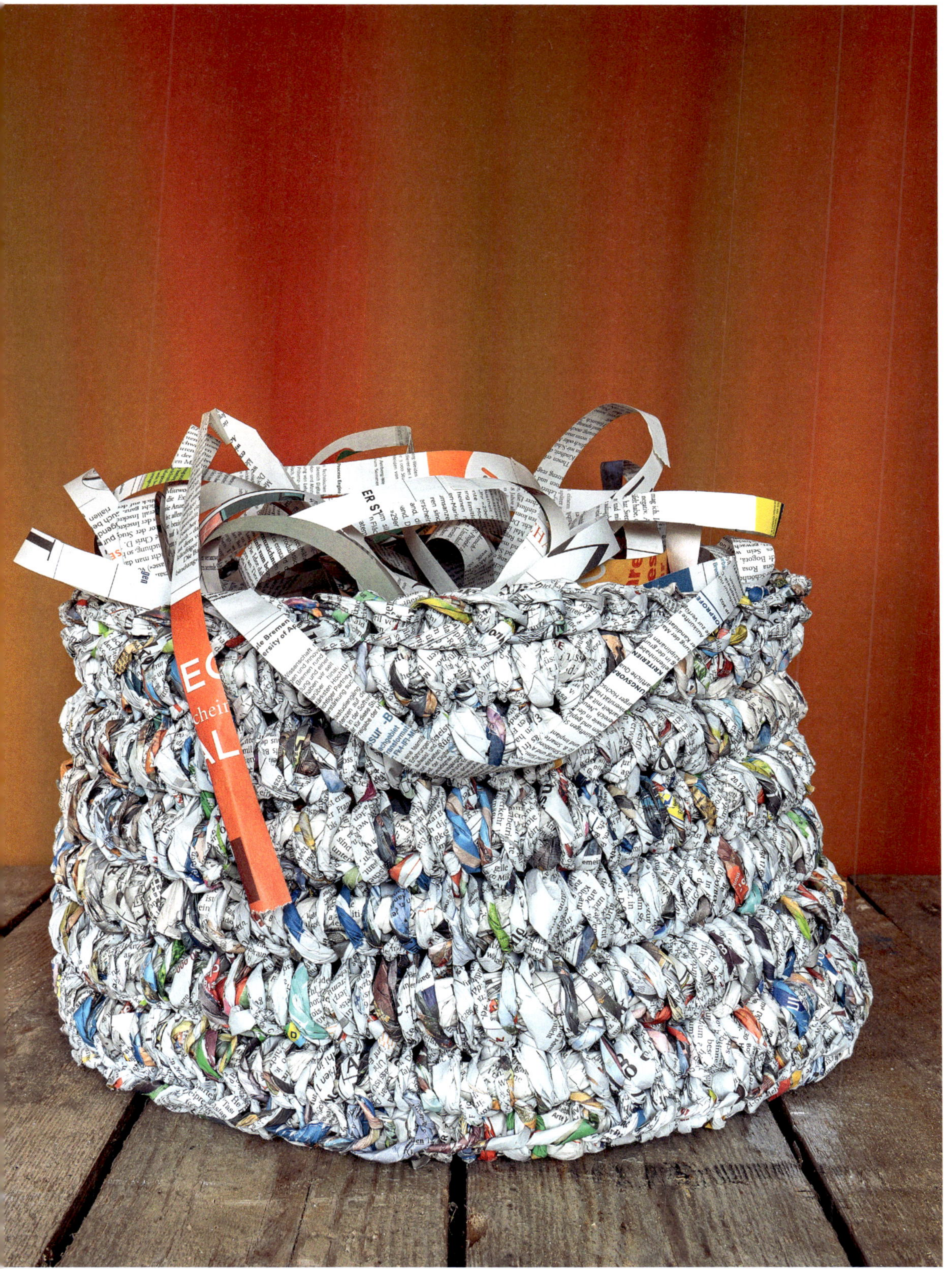

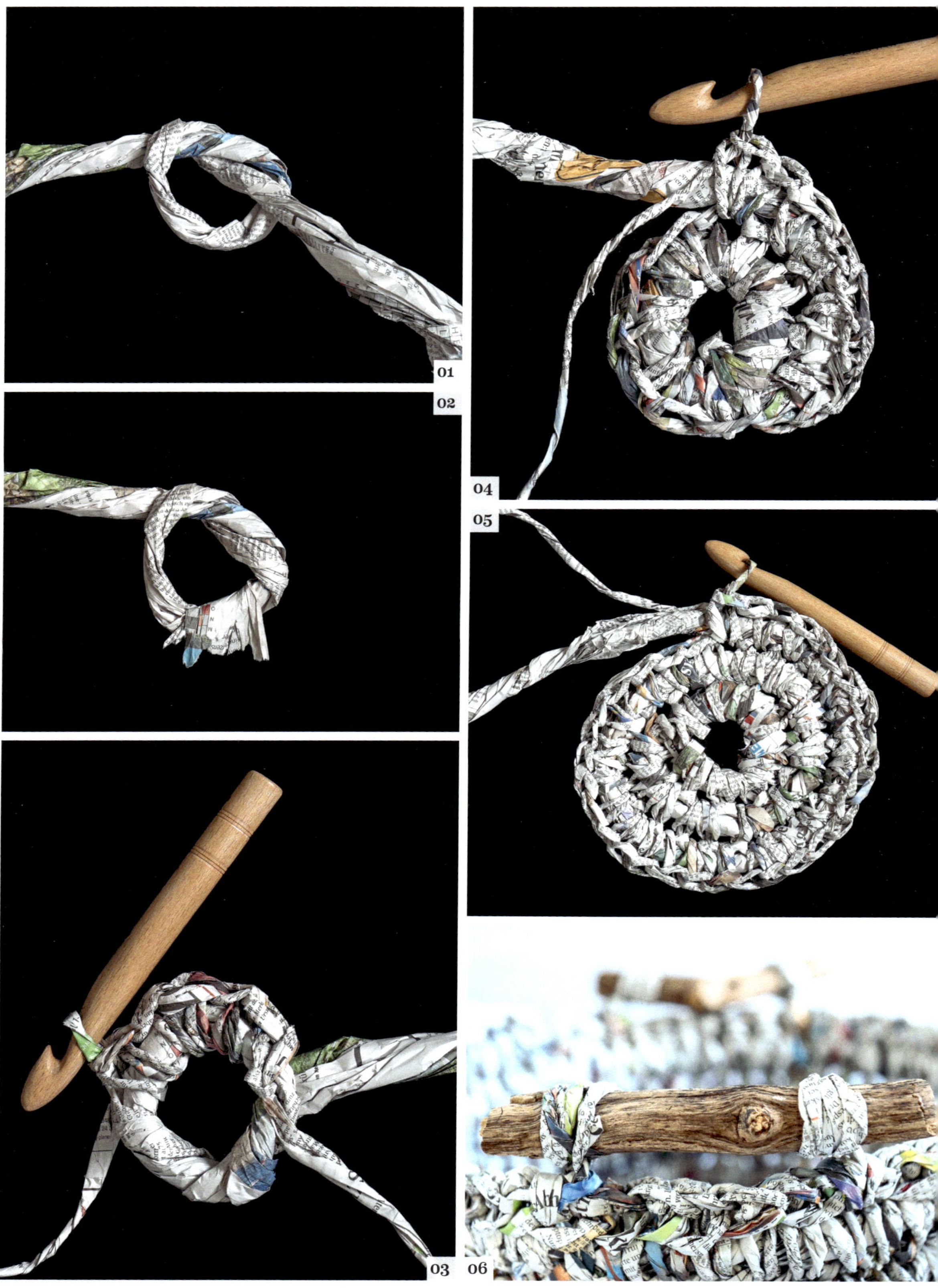

01
02
03
04
05
06

- 15 m Zeitungsseil
- 120 m Zeitungsschnur
- Häkelnadeln in Stärke 15 und 6
- Klebestift
- Schere
- Maßband

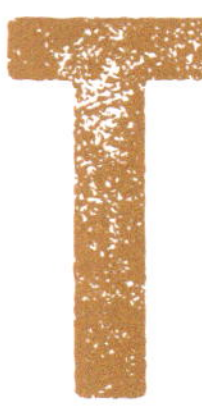

Runde 1

Den Anfang des Seils zu einem engen Fadenring schlingen und diesen mit 8 fM aus Zeitungsschnur umhäkeln. Bedenken Sie, dass Sie in den folgenden Runden Maschen verdoppeln müssen, und häkeln Sie darum nicht zu fest (**01–03**).

Runde 2

fM, alle Maschen verdoppeln, also jeweils 2 x in jede Masche der Vorrunde einstechen, dabei das Seil mitlaufen lassen und umhäkeln (**04**).

Runde 3

fM, jede 2. Masche verdoppeln (**05**).

Runde 4

fM, jede 3. Masche verdoppeln.

Runde 5

fM, jede 4. Masche verdoppeln.

Runde 6

fM, jede 5. Masche verdoppeln.

Runde 7

fM ohne Zunahmen, dabei stets nur in das hintere Maschenglied einstechen.

Runde 8–12

fM in Spiralen. Damit der Korb nach oben hin nicht enger wird, sollten Sie das Seil nicht zu straff halten und den Durchmesser regelmäßig nachmessen.

Runde 13

Das Seil nach innen hängen lassen und mit der Schnur eine Runde KM als Randabschluss arbeiten. Den Faden durch die Schlaufe ziehen, abschneiden und das Ende auf der Innenseite des Korbs einweben.

Das Seil schräg abschneiden und den Korb in Form ziehen.

Variante (06)

Material-Mix: Ebenso dekorative wie praktische Griffe aus alten Ästen und Zeitungsschnur.

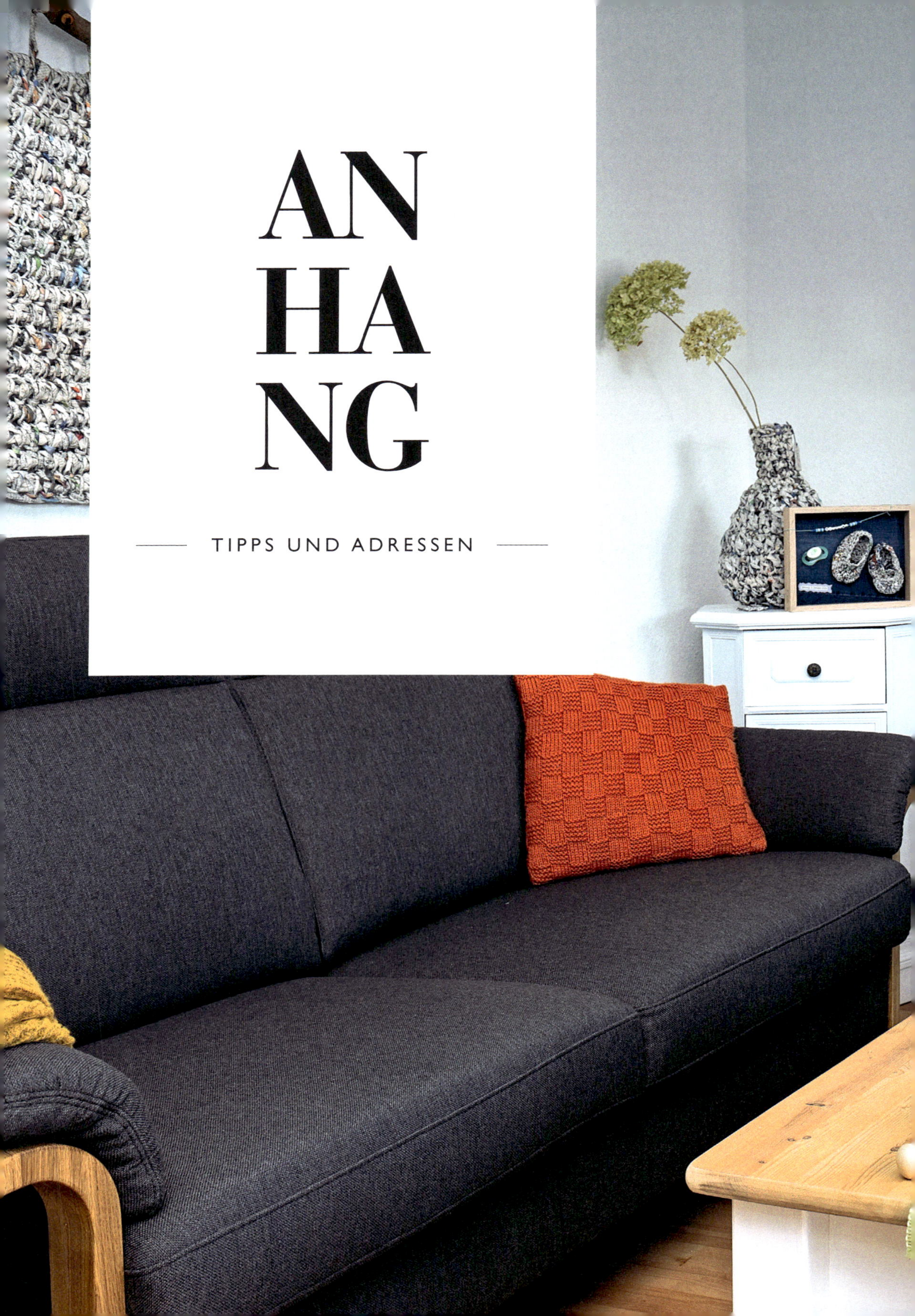

AN HA NG

TIPPS UND ADRESSEN

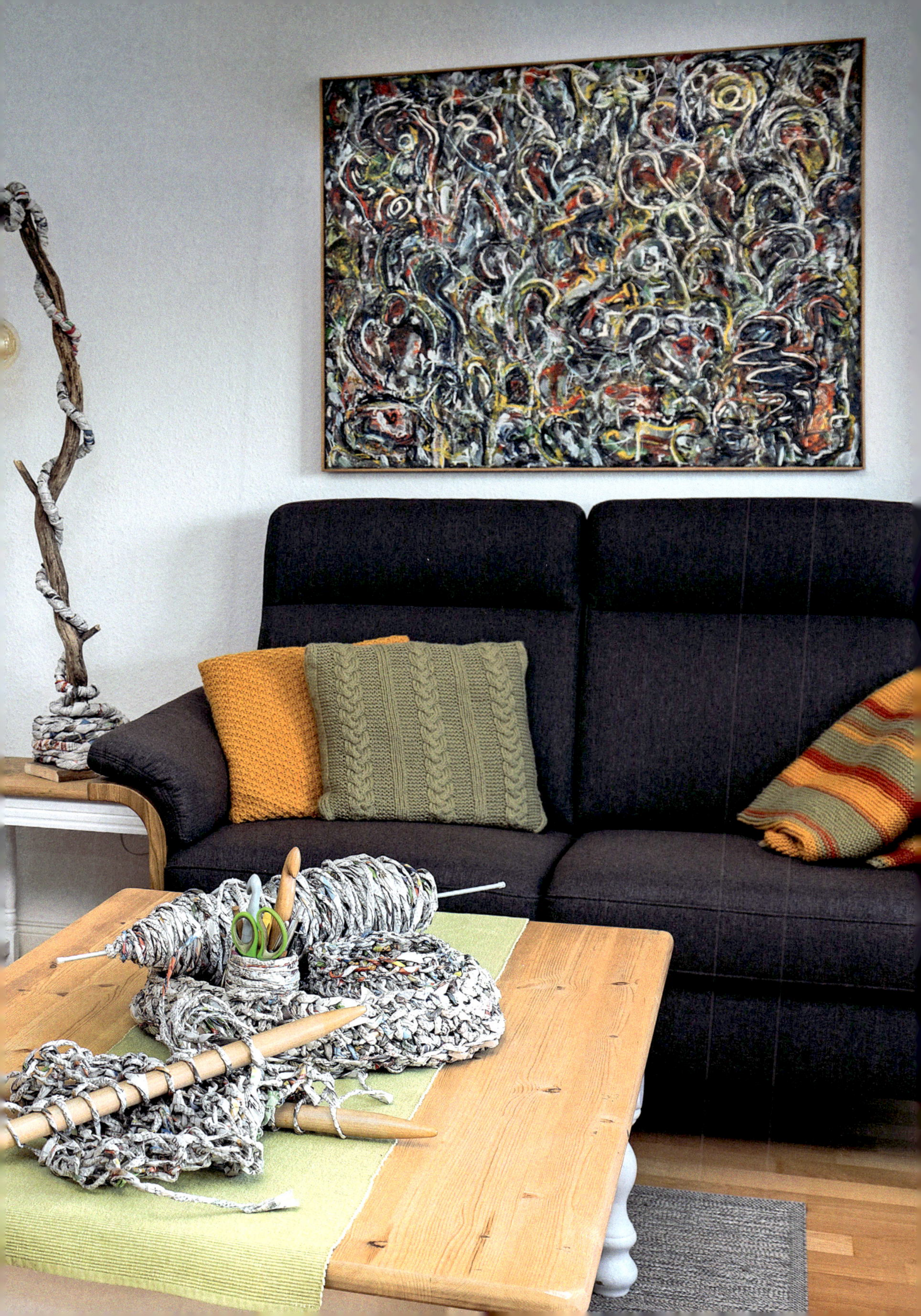

BEZUGS QUELLEN

Ein Starterset
mit Handspindel sowie bebilderter Kurzanleitung ist online über meine Homepage **www.zeitungsspinnerei.de** erhältlich. Dort finden Sie auch viele Anregungen rund um das Thema Zeitungsspinnerei.

Zum Spinnen von Zeitungsgarn
braucht es ansonsten kaum Materialien, die nicht ohnehin in jedem Haushalt vorhanden sind.

Falls Sie keine Tageszeitung abonniert haben,
fragen Sie in der Nachbarschaft – bestimmt sind liebe Nachbarn bereit, ihre Zeitungen für Sie zu sammeln. Auch kostenlose Anzeigenblätter aus Zeitungspapier sind natürlich geeignet.

Sollten Sie keine passenden Häkel- oder Stricknadeln besitzen,
können Familienmitglieder oder Bekannte vielleicht aushelfen. So manches Handarbeitszubehör liegt seit Jahren ungenutzt in einer Schublade herum. Stöbern Sie im örtlichen Secondhandkaufhaus oder auf Trödelmärkten nach Schätzchen, die Sie mit einem Kleid aus Zeitungsgarn verschönern können.

Viele ausrangierte Gegenstände
wie Bilderrahmen oder Kränze werden auch über den (Online-)Kleinanzeigenmarkt umsonst oder für wenig Geld angeboten.

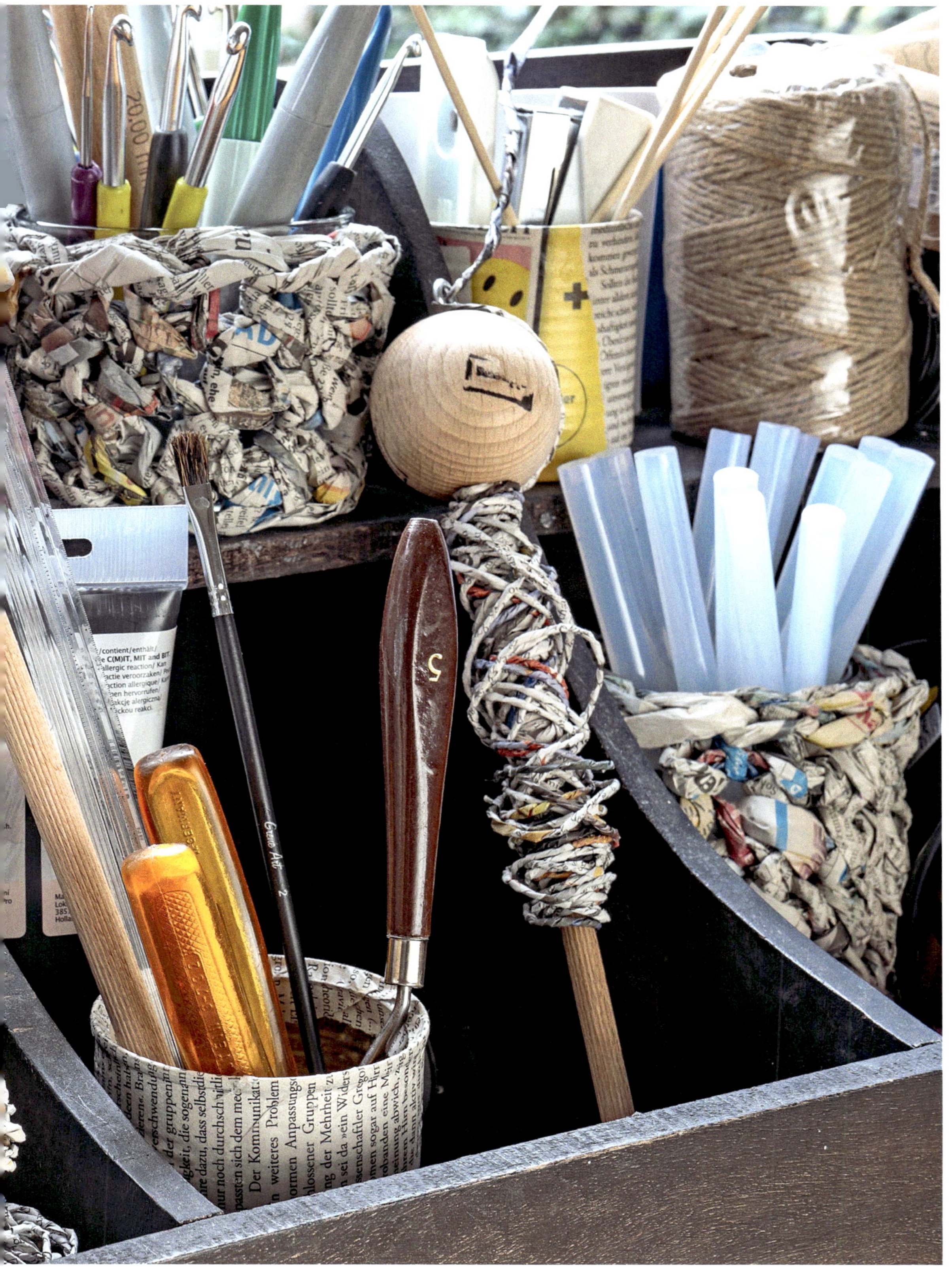

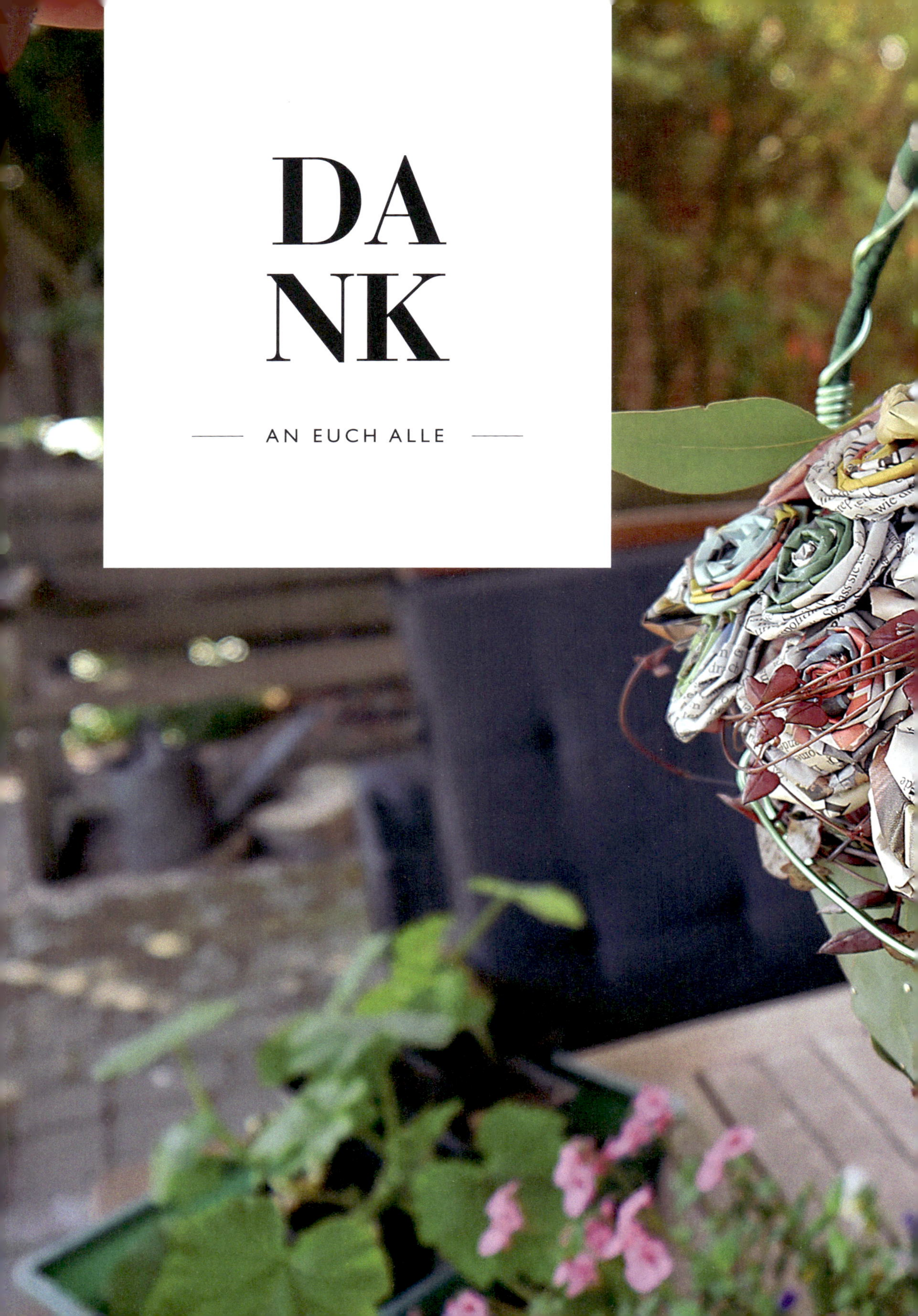

DANK

AN EUCH ALLE

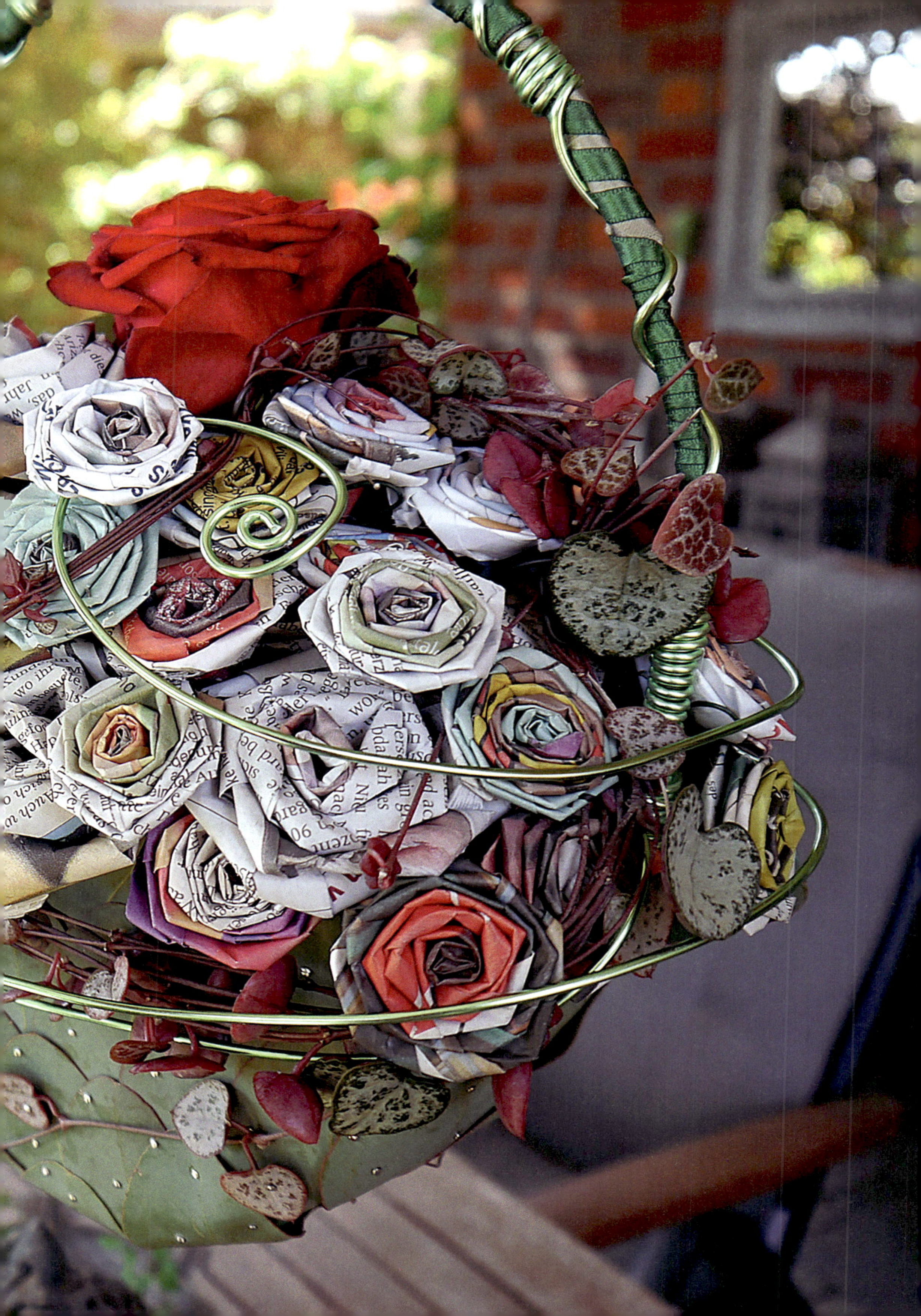

DANK

Ich danke dem großartigen Team des Haupt-Verlags, ganz besonders meiner Lektorin Heidi Müller, von ganzem Herzen, dass sie das Potenzial meines Handwerks erkannt und mir bei der Arbeit an diesem Buch so viel Freiheit gelassen hat. Es war mir eine riesige Freude, mit Ihnen zusammenzuarbeiten.

Bei Jutta Orth bedanke ich mich für ihre große Expertise beim Redigieren meines Textes und bei Diana Dörfl für die schöne Buchgestaltung.

Ein herzliches Dankeschön an Fabrizio Zago. Du hast meine Projekte mit unerschöpflicher Kreativität wunderbar in Szene gesetzt. Unsere Zusammenarbeit hat mir (in der ansonsten sehr unerfreulichen Coronazeit) unglaublich viel Spaß gemacht. Wir sind ein richtig gutes Team!

Meinen wunderbaren Mädels Lina und Jule gebührt ein dicker Herzensdank. Danke für eure Geduld und ehrliche Kritik beim Probelesen und dafür, dass ihr mir eure jugendlichen Hände für die Fotoshootings geliehen habt. Ihr seid die Besten!

Danke, mein lieber Frank, für deine Unterstützung in allen Lebenslagen. Du bist mein Fels in der Brandung, auf den ich mich immer retten kann.

Nicht zuletzt danke ich allen, die mir seit dem Start meiner «Spinnerei» Mut gemacht und sowohl im persönlichen Kontakt als auch über die sozialen Medien mit ihrer Begeisterung dafür gesorgt haben, dass ich am Ball geblieben bin.

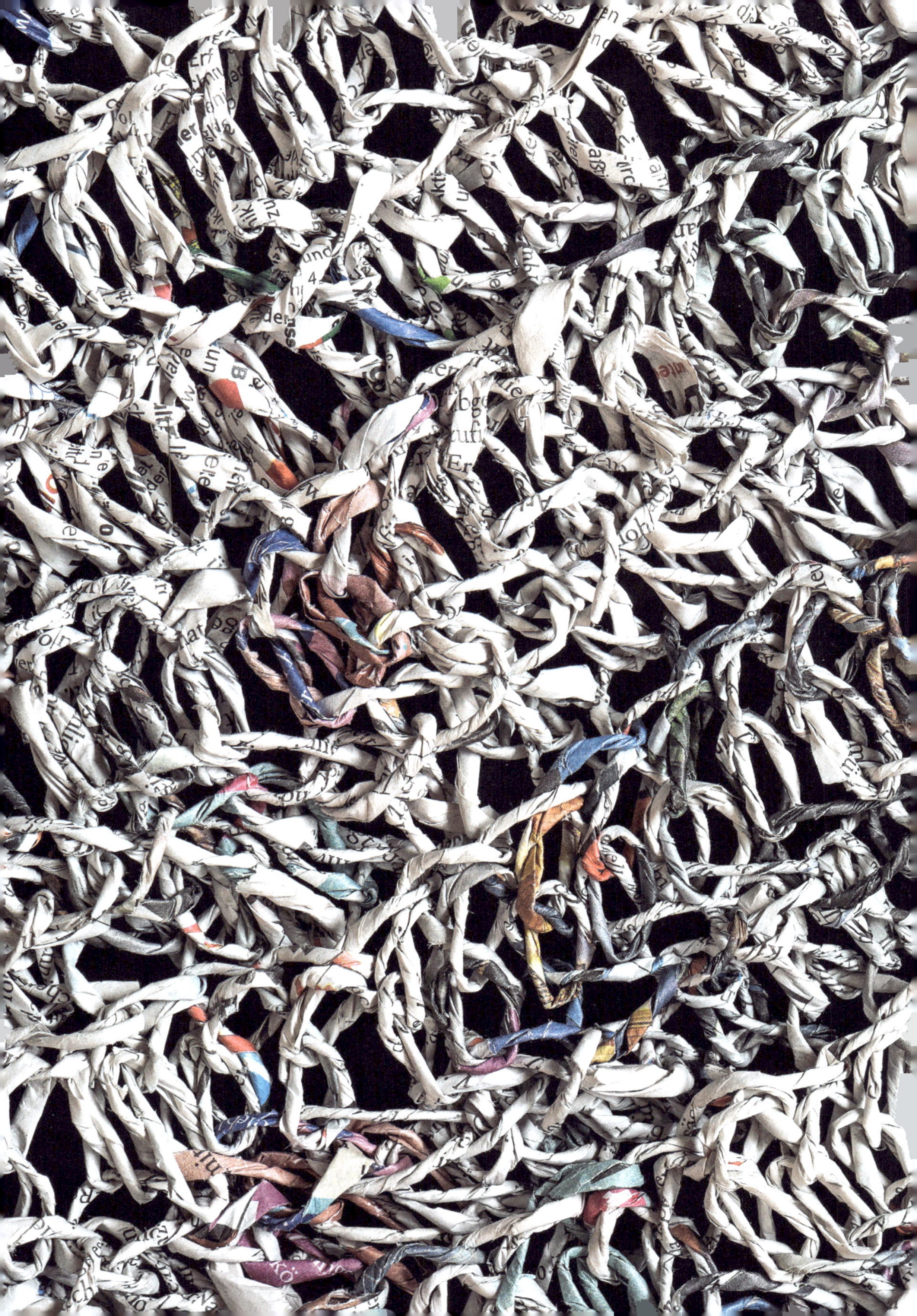